D1664186

1

Tips und Tricks für die Praxis · Aus Medical Tribune

Tips **Band 3**
und Tricks
FÜR DIE PRAXIS

Herausgegeben von Dr. med. Peter Heidler

Verlag Medical Tribune GmbH, Wiesbaden

Tips und Tricks für die Praxis, Band 3
Aus Medical Tribune
Herausgeber Dr. med. Peter Heidler, Chefredakteur
Redaktion: Dr. med. Marie-Luise Krauß
Herstellung: Lothar Thiele

© Verlag Medical Tribune GmbH,
Wiesbaden, 1986
ISBN 3-922264-82-4

Herstellung: E. C. Baumann KG, Kulmbach

Vorwort

Viele praxiserfahrene Kassenärzte verfügen über eine Menge kleiner Tricks und Kniffe, die den Praxisalltag erleichtern, Hilfen für diagnostisches und therapeutisches Vorgehen darstellen. Diese aus Erfahrung geborenen Handlungsanweisungen haben sich in vielen Jahren praktischer ärztlicher Tätigkeit herausgebildet und bewährt. Selten oder gar nicht gelangten Handlungsweisungen aus Kassenpraxen zur Kenntnis einer größeren ärztlichen Öffentlichkeit. – Der Grund hierfür ist, daß der berufserfahrene Arzt glaubt, seine individuellen Erfahrungen seien für eine Publikation zu unbedeutend. Andererseits besteht gerade das Bedürfnis, besonders für Jungärzte in der Weiterbildung, sich solche Erfahrungen möglichst frühzeitig zu Nutze machen zu können. Die große Anzahl der Tips überrascht wirklich, wenn man weiß, daß seit 1977 „Tips aus dem Praxisalltag" in Medical Tribune erscheinen und wenn nach Publikation des Band 2 jetzt bereits Band 3 erscheinen kann. Hoffentlich motiviert der vorliegende Band wieder viele Ärzte dazu, bewährte Handlungsanweisungen aus der eigenen Praxis an andere weiterzugeben.

Dr. med. GEORG HÄRTER
Lehrbeauftragter für Allgemeinmedizin
der Universität Heidelberg
am Klinikum Mannheim

Hausbesuche

Ein Blick genügt –
Welche Ampullen fehlen?

von Dr. Hermann Sauer, Arzt für Allgemeinmedizin, Schlitz

Das Problem: Das Ampullarium in der Notfalltasche. Während des Hausbesuchs entnommene Ampullen werden oft vergessen nachzufüllen, weil nicht genau ersichtlich, welche Ampullen fehlen.

Der Tip: In jedem Fach der Ampullenbox klebt ein kleines Selbstklebeetikett mit dem Namen des jeweiligen Präparates.

Die Folge: Ein Blick der Helferin in das Ampullarium genügt, um zu wissen, welche Ampullen fehlen.

Wichtige Telefonnummern:
Zettel im Deckel der Bereitschaftstasche

von Dr. W. Mühlhäusler, Arzt für Allgemeinmedizin, Rhein-
zabern/Pfalz

Das Problem: Bei einem dringenden Hausbesuch, bei dem
man alle Hände voll zu tun hat, soll der Krankenwagen angerufen oder das Krankenhaus verständigt werden.

Der Tip: Im Deckel der Bereitschaftstasche ist ein Zettel in
Klarsichtfolie mit Leukoplast befestigt mit den wichtigsten
Telefonnummern. Der Zettel kann mit einem Handgriff ent-
fernt werden, wird dem aufgeregten Angehörigen in die
Hand gedrückt mit dem Auftrag, eine bestimmte Nummer
anzurufen und dort den Krankenwagen zu verständigen.

✉ Dazu gab es Kritik:

Rettungsdienst erforderlich?
Ich rufe selbst an

*Nach meinen langen Erfahrungen hat es sich bewährt, daß
ich die Rettungsdienste und auch das Krankenhaus selbst
verständigt habe, wenn nicht ein lebensbedrohlicher Zustand vorlag, da die Angehörigen in der Regel die Befunde
zu stark dramatisiert haben und letztlich mit jeder unnöti-
gen Blaulichtfahrt unnötige Gefahren im Straßenverkehr
heraufbeschworen werden.*

Dr. Jürgen Baudach, Arzt für Allgemeinmedizin,
Veitshöchheim

Notfallkoffer:
Sind die Medikamente verdorben?

von Heiner Theiß, Arzt – Dipl. troph., Siegen

Das Problem: Wer einen Notfallkoffer im Auto mitführt, wird
im Sommer oder Winter häufig vor das Problem gestellt:
War's im Kofferraum zu heiß oder zu kalt für die vorhandenen Medikamente? Alle austauschen?

Der Tip: Für 8,– bis 12,– DM gibt es in jedem Kaufhaus ein
Minimum-Maximum-Thermometer.

Die Folge: War es z. B. über 40 Grad C, was im Sommer
im Wageninneren häufiger vorkommt, dann empfiehlt es
sich, die Pharmaka mit Aufdruck „nicht über 25°C lagern"
auszutauschen. Andere Medikamente (Ampullen) vertragen
diese Temperaturen kurzfristig durchaus. Da die betreffenden Thermometer auch die aktuellen Temperaturen anzei-
gen, läßt sich die Belastungsdauer ungefähr abschätzen.

Zu kleine Ampullen im Notfallkoffer

Von Harald Hielscher, prakt. Arzt, Wurmberg

Das Problem: Im Durchmesser zu kleine Ampullen halten nicht in den entsprechenden Fächern des Ampullariums, fallen im Noteinsatz aus der geöffneten Ampullentasche und zerschellen am Boden. Mittlere Katastrophe im Noteinsatz.

Der Tip: Ein normaler Wundpflasterstreifen, wie man ihn für Injektionen vorrätig hält (1 x 4 cm), um die Ampulle geklebt: schnell, einfach – und sicherer Halt.

Die Folge: Keine Katastrophe mehr im Noteinsatz!

Bei Hausbesuchen immer erreichbar

von Dr. Klaus Glaßner, Arzt, Recke

Das Problem: Organisation von Hausbesuchen.

Der Tip: Auf jeder Karteikarte wird die Telefonnummer des Patienten vermerkt. Stehen an einem Tag mehrere Hausbesuche an, so werden von der Helferin nur die Telefonnummern in der Reihenfolge, in der ich meine Hausbesuche absolviere, notiert, und ich bin somit für Notfälle jederzeit erreichbar.

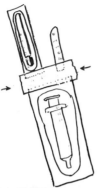
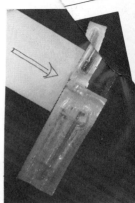

Ampullenfeilen:
Ich muß nicht mehr suchen

von Dr. W. Wedepohl, Arzt, Berlin

Das Problem: Die Ampullenfeile ist in Eilsituationen im Notfalldienst oft sehr gesucht! Alle Versuche, mit bestimmten Vorschlägen die Feile im Portemonnaie aufzuheben, an einer bestimmten Stelle im Arztkoffer festzulegen o. ä. m., klappen bei mir nicht.

Der Tip: Ich klebe an die Packung der Einmalspritze eine verpackte passende Kanüle und eine Ampullenfeile (s. Abb.). Zunächst Tesafilm von hinten an die Spritzenpakkung, Kanüle und Feile auflegen und dann Tesafilm auch von vorne. Ich klebe immer gleich reihenweise einen Vorrat Spritzenverpackungen, nachher Auftrennen in einzelne Sets.

Die Folge: Seitdem keine Suche mehr nach Feile und Kanüle!

2 Ampullensägen im Portemonnaie

von Dr. Horst Ludtmann, Arzt für Urologie, Ahlen

Das Problem: Das Auffinden von Ampullensägen beim Hausbesuch.

Der Tip: Ich habe grundsätzlich zwei Ampullensägen im Portemonnaie. Dies praktiziere ich bereits seit 10 Jahren mit den besten Erfahrungen.

Ampullensägen:
Ich lege sie an die Kette

von Dr. Dr. Dietger Heitele, Arzt, Herne

Das Problem: Ampullensägen sind bei Hausbesuchen oft nicht greifbar.

Der Tip: Mehrere Ampullensägen an einer dünnen Kugelkette befestigen und das andere Ende irgendwo am Arztkoffer befestigen.

Ampullenfeilen:
Dafür sorgt meine Frau

von Dr. Hans Kasten, Arzt für Allgemeinmedizin, Calw

Das Problem: Aufbewahrung von Ampullenfeilen

Der Tip: In jeder Jacke, die ich besitze, haben zwei Ampullenfeilen in der linken Außentasche zu sein. Meine Frau ist dafür verantwortlich (z. B. für den Fall der chemischen Reinigung).

Die Folge: Ich war in 35 Jahren noch nie in Verlegenheit.

BSG beim Hausbesuch

von Dr. E. Kröger, Duisburg

Das Problem: Bei akuter Erkrankung ist anläßlich des ersten Hausbesuchs zur diagnostischen Abklärung eine BSG ratsam.

Der Tip: In einem kleinen Fläschchen immer Natrium citricum in der Bereitschaftstasche mitführen.

Die Folge: Verbesserte Diagnostik bei bettlägerig Erkrankten schon bei Behandlungsbeginn.

✉ Dazu gab es Kritik:

Unsere Methode ist einfacher

Blutsenkungen beim Hausbesuch werden von uns seit eh und je durchgeführt. Allerdings nach einer anderen – und wie wir meinen – einfacheren Methode. Wir ziehen morgens 0,5 ml Natrium citricum in einer 2-ml-Spritze auf und verschließen dieselbe mit einer Gummikappe, die billig zu kaufen ist. Am Krankenbett kommt die Kanüle auf die Spritze, abspritzen bis 0,4 ml, Blut entnehmen, Gummikappe wieder auf die Spritze – fertig. Transport ohne Probleme, weil keine Nadel auf der Spritze bleibt.

Dr. J. Gutöhrle, Arzt für Allgemeinmedizin, Kirchberg

Hausbesuche:
Helferin bleibt im Auto

von Dr. J. Heimann, Arzt, Dieburg

Das Problem: Fehlende Parkmöglichkeit bei Hausbesuchen im Innenstadtbereich. Die Zeitersparnis durch eine assistierende Arzthelferin beim Hausbesuch ist unbestritten.

Der Tip: Treten jedoch Parkprobleme bei einem Hausbesuch auf, halte ich vor einer Einfahrt und übergebe Steuer und Autoschlüssel meiner Arzthelferin. Diese übernimmt jetzt die Parkplatzsuche oder bleibt, solange sie keinen behindert, stehen.

Die Folge: Während dieser Zeit kann ich in Ruhe den Hausbesuch ausführen.

Hausbesuch bei älteren Patienten:
Ich verabrede Klingelzeichen

von Dr. L. Lauer, Arzt für Allgemeinmedizin, Wietze

Das Problem: Häufig habe ich bemerkt, daß alte oder ältere Patienten, die allein wohnen, z.B. im Winter bei späten Abendbesuchen nur zögernd die Tür öffnen, da sie Angst haben, überfallen zu werden.

Der Tip: Sind häufigere Besuche von mir nötig, habe ich die Patienten davon unterrichtet, daß ich immer in einer besonderen Art klingeln werde. In meinem Fall klingle ich kurz, Pause, kurz, kurz (Buchstabe L vom Morsealphabet).

Die Folge: Die Patienten wissen sofort, daß ich geklingelt habe.

Kaltes Stethoskop:
Vorher fönen

von Dr. K. Hitzelberger, Facharzt für Innere Krankheiten, Garching b. München

Das Problem: In der kalten Jahreszeit ist das Stethoskop bei Hausbesuchen transportbedingt kalt und wird von Babys und Kleinkindern entsprechend negativ aufgenommen.

Der Tip: Jede Mutter mit Kind besitzt einen Haarfön. Diesen läßt man kurz auf das Stethoskop einwirken, gleichzeitig können die evtl. kühlen Untersucherhände angewärmt werden und die Unterlage, auf der das Kind untersucht werden soll. Dieser kleine Tip hat sich mir bestens bewährt.

✉ Dazu gab es Kritik:

Einfach unters warme Wasser!

Viel einfacher geht es, wenn man fragt, wo die Warmwasserleitung ist, und das Stethoskop unter das warme Wasser hält – gleichzeitig erhöht man die Hygiene – oder aber wenn man bei einer Zentralheizung das Stethoskop auf den Heizkörper legt. Die Frage nach dem Fön ist sicherlich etwas Komplizierteres.

Dr. K. D. Schmidt, Facharzt für innere Krankheiten, Neustadt/Weinstraße

Infusion zu Hause:
Wo die Flasche aufhängen?

von Dr. Peter Wevers, Arzt für Allgemeinmedizin, Wesel

Das Problem: Infusionen bei Hausbesuchen. Wo hängt man die Infusionsflasche auf?

Der Tip: Fast in jedem Haushalt ist eine Dia-Leinwand mit Ständer. Der Ständer eignet sich hervorragend als Infusionsständer.

Zweites Krankenblatt für zu Hause

von Dr. W. Mühlhäusler, Arzt für Allgemeinmedizin, Rhein-
zabern

Das Problem: Betreuung schwerkranker Patienten während
des Bereitschaftsdienstes.

Der Tip: Zur besseren Kommunikation führe ich bei dem
Patienten eine 2. Karteikarte etwa wie in der Praxis. Dies
ermöglicht es z.B. einem Notarzt am Wochenende, sich
wie im Krankenhaus an einem Krankenblatt über die Diagnosen, den Zustand und die derzeitige Behandlung des
Patienten zu informieren. Gleichzeitig können die Angehörigen Temperaturmessung und andere Besonderheiten auf
diesem Blatt eintragen, was die Zusammenarbeit verbessert.

✉ Dazu gab es Kritik:

Zweite Karteikarte: Es geht auch einfacher

*Der abgedruckte Vorschlag erscheint zu kompliziert! Hier
im Bezirk findet sich bei manchen Notfalldienst-Patienten
ein 2–3-Zeilen-Vermerk auf Rezeptblatt, um was es sich
grundsätzlich handelt. Mehrfachkranke habe ich mit einer
„Arbeitsmappe" mit vollständigen Unterlagen, Klinikberich-
ten, Laborbefunden (Leukämien!) ausgestattet, die dann
bei Einweisung in die platzhabende Klinik „mitwandern".
In manchen Fällen genügt der „Notfallausweis" nicht (der
meist in der Küchenschublade z.B. liegenbleibt!).*

Dr. Wolfgang Wedepohl, Arzt für Innere Medizin, Homöopathie, Berlin

Nächtliche Hausbesuche:
Ich trage eine Taschenlampe um den Hals

von Dr. Joachim Pini, Baden-Baden

Das Problem: Bei nächtlichen Hausbesuchen kann die Suche nach Hausnummern viel Zeit und Mühe kosten.

Der Tip: Im Winterhalbjahr und abends trage ich eine starke, aufladbare Taschenlampe an einem Riemen um den Hals, mit der ich – besonders empfehlenswert bei Vertretungen – Haus und Nummer, Eingang, Stufen und Lichtschalter gut ausleuchten kann. Sie stört bei der Autofahrt ebensowenig wie beim Gehen und kann, da sie um den Hals hängt, jederzeit griffbereit angemacht werden. Mindest-Leuchtweite 10 m, um sich vom Auto aus orientieren zu können.

Hausbesuche:
So finde ich das Haus rascher

von Dr. Richard Eberhardt, Ehingen

Das Problem: Häusersuche im Notfalldienst.

Der Tip: Lassen Sie sich zusammen mit der Ortsbeschreibung Farbe und Marke der oft vor bzw. in der Nähe eines Hauses stehenden Pkws durchgeben.

Die Folge: Rascheres Auffinden der Patientenwohnung

✉ Dazu gab es Kritik:

So finde ich immer zu meinen Patienten

Was geschieht, wenn das Auto wegfährt oder in der Nähe ein anderes, gleiches Auto steht? Mein Vorschlag, den ich früher besonders auf dem Land bei dringenden Hausbesuchen am Telefon angab: Bei Nacht machen Sie bitte alle Lichter im Haus an, damit es sich von anderen Häusern unterscheidet, bei Tag hängen Sie ein Leintuch oder ähnliches zum Fenster heraus.

Dr. E. Rolf Buser, CH-Binningen

Hausbesuch:
Ich diktiere im Auto

von Dr. Dieter Rukser, Hamburg

Das Problem: Befunddokumentation bei Hausbesuchen.

Der Tip: Den Autokassettenrecorder benutze ich viel und gerne als Diktiergerät. Z. B. Aufsprechen von kurzen Befunden oder kurzen Briefen, die sich anläßlich eines Hausbesuches ergeben haben.

und wo bleibt Ihr Tip?

Postkarten
finden Sie am Ende des Buches

Praxisorganisation

2

Bestellpraxis: Pufferzonen einbauen

von Dr. A. H. Schwierz, Psychotherapeut und klinischer Psychologe, Bonn

Das Problem: Es entstehen Wartezeiten trotz exakter Terminierung, welche den Patienten verärgern und den Arzt unter Druck setzen, wenn Besuchsnotfälle, längere Behandlungsdauer etc. auftreten.

Der Tip: „Pufferzonen" einbauen, in welcher keine Termine vergeben werden. Je nach Erfahrungswerten nach ca. zwei Stunden eine viertel bis halbe Stunde aussparen.

Die Folge: Zügiges Weiterarbeiten ohne „Streß" beiderseits oder Kaffeepause.

Terminplanung:
Ich komme nicht ins Schwimmen

von Dr. Dr. Dietger Heitele, Arzt, Herne

Das Problem: Terminplaner funktionieren meist nur in bestimmten Facharztpraxen. In vielseitig ausgerichteten Praxen (z. B. Allgemeinmedizin) ist ein vergröbertes Verfahren einfacher.

Der Tip: Einen zeitgerasterten Wochenplan fotokopieren, für jeweils ca. 3 Wochen an der Anmeldung aufhängen und farbige Pin-Nadeln verwenden. Z. B. Rot für Laboruntersuchung, Blau für EKG, Gelb für Arztkonsultation. Man überblickt an der Anmeldung optisch sofort, wo noch Luft ist. Das Aufschreiben der Namen kann man sich ersparen, ebenso das etwaige Ausradieren. Für jede Anmeldung einfach die entsprechende Farbnadel ins entsprechende Feld. Meldet sich der Patient ab, einfach eine Nadel wieder wegnehmen.

Praxis:
Beginnen Sie 30 Minuten früher

von Dr. Kurt Regenauer, prakt. Arzt, Solingen

Das Problem: Schon vor der angekündigten Öffnungszeit der Praxis finden sich regelmäßig etliche Patienten ein, denen die Zeit besonders kostbar zu sein scheint.

Der Tip: Beginnen Sie Ihre Sprechstunde spontan 30 Minuten vor der Zeit!

Die Folge: Erfreute Gesichter bei den Wartenden, den Nachkommenden; entspannte Atmosphäre der oft sehr hektischen Anfangszeit – gelöste Stimmung auch in den Folgestunden! Gesparte Kraft durch vorgetane Arbeit – ein neuer Praxisklang!

✉ Dazu gab es Kritik:

Die Patienten durchschauen den Trick schnell

Es stimmt alles, aber es funktioniert höchstens 1–2 Jahre. Dann durchschauen die Patienten den Trick und stellen sich noch früher ein. Fazit: Noch früher beginnen. Und so kam ich im Laufe der Zeit zu einem Praxisbeginn um 6.30 Uhr! Als dann noch die Sommerzeit eingeführt wurde, hätte das praktisch einen Beginn um 5.30 bedeutet. Da gab ich auf!

Dr. Jost Linkner, Facharzt für Gynäkologie und Geburtshilfe, A-Wels

Wer vergibt Termine?

von Dr. F. Langraf-Favre, Spezialarzt FMH für Ohren-, Nasen-, Halskrankheiten, Hals- und Gesichtschirurgie, Zürich

Das Problem: Die Terminplanung in der Praxis.

Der Tip: Terminvereinbarungen nur durch eine erfahrene Mitarbeiterin oder durch den Arzt selbst. Akute Schmerzzustände und Ängste (Suizidgefahr!), wenn irgendwie möglich, sofort nehmen. (Oft braucht man mehr Zeit, um den Anrufenden am Telefon zu beruhigen und mit ihm einen Termin zu vereinbaren, als um ihn notfallmäßig zu behandeln. Dies gilt vor allem für die häufigen heftigen Ohrenschmerzen.) Patienten, die in fortlaufender Behandlung stehen, mit Bleistift notieren, neue bisher unbekannte Patienten mit Rotstift, und solche, die nach Unterbruch wieder behandelt werden wollen, mit Blaustift (Rot-/Blaustifte kombiniert im Handel). Telefonisch abgemeldete Patienten mit Bleistift streichen, nicht weggummieren, unentschuldigt Ferngebliebene kreuzweise durchstreichen. Tel. Rückrufnummer immer notieren.

Weniger Scheine?
Mehr bieten!

von Dr. A. F. aus B.

Das Problem: Sinkende Scheinzahl bei Gynäkologen.

Der Tip: Auch am Samstagvormittag oder an einem Werktagabend Sprechstunden anbieten.

Die Folge: Berufstätigen Frauen wird so der Gang zum Arzt erleichtert. Auch Mütter von kleinen Kindern können den Arztbesuch unbeschwerter einrichten, wenn Papi auf die Kleinen aufpaßt.

Störung im Sprechzimmer: Bei mir nicht!

von Dres. Heinrich und Christel Schmid, Ärzte für Allgemeinmedizin, Reutlingen

Das Problem: Sie möchten im Sprechzimmer während des Gesprächs mit Patienten nicht durch Sprechapparat oder fragende Helferinnen gestört werden.

Der Tip: Es wurden Kartons in etwa 10 x 10 cm Größe, evtl. in bestimmten Farben, vorbereitet, die Worte ersetzen: U = zur Unterschrift ins Büro kommen; L = Sie werden im Labor benötigt; S = Sie müssen i. v. spritzen; V = im Verbandzimmer wartet Patient; P = Pharmavertreter will Sie sprechen.

Die Folge: Auf diese Weise individuell abwandelbar, herrscht Ruhe im Sprechzimmer. Will die Helferin mir Nachricht geben, so wird still und leise das Kärtchen auf meinen Schreibtisch gelegt. Nach Abfertigung des gerade anwesenden Patienten wird dann die Aufforderung der Helferin in Ruhe befolgt.

Arbeitsklima:
So sind alle zufrieden

von Dr. A. K. Kattih, Arzt für Allgemeinmedizin, Northeim

Der Tip: Mit Erfolg und Begeisterung praktiziere ich seit einem Jahr in 14tägigem Abstand eine Stunde lang praxisgebundene Fortbildung mit meinen Helferinnen. Eine Gelegenheit für das Personal, Unklarheiten medizinischer Art zur Sprache zu bringen; eine Möglichkeit für uns alle, interne Konflikte, die das Betriebsklima stören, zu diskutieren und auszuräumen. Darüber hinaus besprechen wir immer wieder, wie wir am besten unseren Patienten helfen können und was alles die Helferinnen dazu beitragen können, daß sich die Patienten in der Praxis wohl fühlen.

Die Folge: Die Mitarbeiterinnen sind mit Spaß bei der Arbeit. Und die Patienten kommen gern.

Dann läuft die Praxis besser

von Dr. Günther Portzky, Arzt für Allgemeinmedizin, Arzt für Anästhesie, Augsburg

Das Problem: In jeder Ordination gibt es Perioden, wo es, trotz übertariflicher Bezahlung, großzügiger Freizeitregelung usw., „einfach nicht so richtig läuft".

Der Tip: Legen Sie einmal als Chef unauffällig, ohne große Worte, eine Nelke, „Mon-cherie"-Konfekt, „Bounty"-Schokolade oder eine hübsche Postkarte, einen Kalenderspruch, eine originelle Witzzeichnung auf den Schreibtisch Ihrer Angestellten – Sie werden Wunder erleben!

Praxisablauf:
Wie sage ich's meinen Helferinnen?

von Dr. Manfred Wagner, praktischer Arzt, Sportmedizin, Chirotherapie, Großrosseln

Das Problem: Wichtige Mitteilung an alle Helferinnen in der Praxis.

Der Tip: In einer Praxis, die 12 Stunden am Tag besetzt sein muß, ist es selten möglich, alle Helferinnen wegen einer wichtigen Sache gleichzeitig ansprechen zu können. Um Übermittlungsfehler auszuschalten, ist meines Erachtens der sicherste Weg, diese Mitteilung schriftlich in ein besonderes Heft einzutragen. Jede Helferin, die erst nachmittags ihren Dienst antritt, hat den Auftrag, sich in diesem Heft zu informieren, ob eine Besonderheit aufgetreten ist.

Lehrlinge einarbeiten

von Dr. Wolfgang Jedlitschka, Arzt für Allgemeinmedizin, Augsburg

Das Problem: Vorbereitung von Geräten, Instrumenten, Verbandmaterial etc. durch Lehrlinge für eine bestimmte Verrichtung z. B. Go-Abstrich, Ohrenspülung, Warzenentfernung, Fingernagelextraktion usw.

Der Tip: Ich habe für jede in meiner Praxis vorkommende Behandlung (auf einem DIN-A4-Bogen in Sichthülle und in einem Ordner abgeheftet) den Ablauf der Verrichtung und die dazu erforderlichen Instrumente, Verbandmaterialien etc. aufgeschrieben und den Ort in der Praxis bezeichnet, wo alles bei Bedarf vorbereitet werden muß.

Die Folge: Ich gebe – nachdem ich alles mit dem Lehrling vorher geübt habe – nur noch per Sprechanlage durch: Go-Abstrich, Ohrenspülung, Warzenentfernung etc. vorbereiten, und der Lehrling kann, da diese Behandlungen nicht tagtäglich vorkommen, anhand der Aufzeichnungen, die in dem Ordner abgeheftet sind, alles, was benötigt wird, vorbereiten, die Vollständigkeit anhand der Aufzeichnungen überprüfen, und es kann praktisch nichts vergessen werden. Die Behandlung kann reibungslos durchgeführt werden, und alle – Patient, Arzt, Lehrling oder Arzthelferin – sind zufrieden!

Neue Helferin:
Zuerst kleine Prüfung

von Dr. Edmund Wissler, Spezialarzt für Innere Medizin
FMH, Basel

Das Problem: Speziell Internisten und Allgemeinmediziner
benötigen Arztgehilfinnen, die das Differentialblutbild (Blut-
ausstrich) beherrschen müssen.

Der Tip: Um sich Enttäuschung und Zeit ersparen zu können, prüfen wir bei der Vorstellung einer neuen Arzthelferin ihr Können, indem wir ihr z.B. ein „Diff." geben mit er-
höhten Eos. Wir haben schon zweimal das „blaue Wunder"
erlebt, und die kleine Prüfung verschonte uns vor viel
Mühe!

Wie ich meine Praxishelferinnen anrege

von Dr. Otto Kuhnle, Internist, Schwäb. Gmünd

Zu meiner Überraschung stellte ich fest, daß meine Praxis-
helferinnen in ihrer Freizeit sehr aufmerksam in Ihrem
Büchlein „Tips und Tricks" lesen. Sie erklärten mir, daß
sie in dem Büchlein viele Anregungen für den Praxisalltag
und für zu Hause finden. Z.B. Entfernung von Pflastern,
Behandlung eines eingewachsenen Zehennagels, Schutz
vor Mückenstichen, Hilfe gegen Schluckauf usw. ... Jede
Praxishelferin freute sich, von mir das Büchlein als Geschenk zu erhalten.

Der Tip: Schenken Sie Ihrer Praxishelferin ein Büchlein
„Tips und Tricks", sie wird es Ihnen durch vermehrtes
Interesse an der Praxisarbeit danken.

ASCHE AG
Arzneimittel mit Service

Lefax

Lefax® gegen Blähungen jeder Art. Zusammensetzung: 1 Kautablette enthält: Dimeticon 40,0 mg, hochdisperses Siliciumdioxid 2,0 mg. Indikationen: Meteorismus, Völlegefühl, Aerophagie und gastrointestinale Beschwerden, Roemheld-Syndrom. Dosierung und Anwendungsweise: Täglich 3mal 1–2 Tabletten zerkaut zu den Mahlzeiten. Packungsgrößen und Preise: 20 Kautabletten (N 1) DM 4,95; 50 Kautabletten (N 2) DM 11,10; 100 Kautabletten (N 3) DM 19,90; 500 Kautabletten (eingesiegelt) DM 96,20. Weitere Angaben sind in dem für den Arzt bestimmten wissenschaftlichen Prospekt enthalten.

Enzym-Lefax® gegen Blähungen bei Verdauungsschwäche. Zusammensetzung: 1 Kautablette enthält: Dimeticon 40,0 mg, hochdisperses Siliciumdioxid 1,2 mg, Bromelaine 1,5 mg, Pankreatin 50,0 mg, β-Amylase 15,0 mg, Pepsin 20,0 mg. Indikationen: Meteorismus bei gleichzeitigem Fermentmangel, Völlegefühl, Roemheld-Syndrom. Dosierung und Anwendungsweise: Täglich 3mal 1–2 Tabletten zerkaut zu den Mahlzeiten. Packungsgrößen und Preise: 20 Kautabletten (N 1) DM 6,20; 50 Kautabletten (N 2) DM 14,25; 100 Kautabletten (N 3) DM 25,90. Weitere Angaben sind in dem für den Arzt bestimmten wissenschaftlichen Prospekt enthalten.

Lefax® Tropfen. Zusammensetzung: 1 ml Suspension (2 Pumpstöße) enthält: Dimeticon-3000-Siliciumdioxid 97:3 (Simethicon) 41,2 mg. Indikationen: Übermäßige Gasbildung und Gasansammlung im Magen-Darm-Bereich (Meteorismus). Bei verstärkter Gasbildung nach Operationen. Vorbereitung diagnostischer Untersuchungen im Bauchbereich zur Reduzierung von Gasschatten (Sonographie, Röntgen). Nebenwirkungen: Hinweis: Lefax Tropfen enthalten als Konservierungsmittel Parahydroxybenzoesäureester (PHB-Ester). Bei Personen, die gegen diese Stoffe empfindlich sind, können allergieartige Reaktionen hervorgerufen werden. Dosierung und Anwendungsweise: Säuglinge und Kleinkinder erhalten von Lefax Tropfen 2 Pumpstöße in Flaschennahrung oder in Flüssigkeit. Erwachsene nehmen von Lefax Tropfen 2 bis 4 Pumpstöße zu oder nach den Mahlzeiten in einem Glas Wasser ein; bei Bedarf zusätzlich auch vor dem Schlafengehen. Zur Vorbereitung diagnostischer Untersuchungen im Bauchbereich werden von Erwachsenen am Tag vor der Untersuchung nach jeder Mahlzeit und am Morgen des Untersuchungstages 4 bis 6 Pumpstöße Lefax Tropfen eingenommen. Darreichungsform, Packungsgröße und Preis: Flasche mit 50 ml Suspension DM 12,90. Weitere Informationen sind in dem für den Arzt bestimmten wissenschaftlichen Prospekt enthalten.

2 Sprechzimmer:
Ich habe die ideale Lösung

von Dr. Cornelius Rosenfeld, Facharzt für Kinderkrankheiten, Emsdetten

Das Problem: Zwei Sprechzimmer erfordern zwei Waschbecken, 2 Waagen, 2 Meßlatten, 2 Babywaagen, 2 Medikamentenschränke, 2 Telefone etc.

Der Tip: Die beiden Sprechzimmer sind durch eine Schleuse verbunden, in der sich nur 1 Waage, 1 Medikamentenschrank, 1 Waschbecken, 1 Telefon etc. befinden.

Die Folge: 1. Die Einrichtungsgegenstände können von beiden Sprechzimmern benutzt werden, brauchen aber nur einfach angeschafft zu werden. 2. Man kann in der Schleuse ungestört telefonieren, auch wenn ein Patient im Sprechzimmer sitzt.

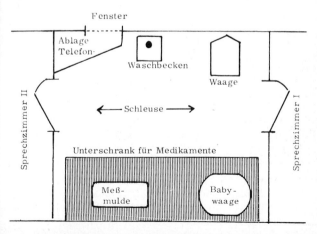

Diktaphon für Geistesblitze

von Dr. Hermann Sauer, Arzt für Allgemeinmedizin, Schlitz

Das Problem: Wichtige Dinge werden in der Hektik des Praxisalltags häufig vergessen, die erst wieder auf der mittäglichen Hausbesuchstour in Erinnerung kommen, dann allerdings meist am Steuer des Autos auf Überlandstrecken.

Der Tip: Ein kleines Diktaphon in Taschenformat ist immer im Auto griffbereit (genauso wie der Suchscheinwerfer für nächtliche Hausbesuche).

Die Folge: Geistesblitze, Ideen oder in Vergessenheit geratene Vorhaben werden sofort während der Fahrt auf Band gesprochen, von den Helferinnen nach den Hausbesuchen abgehört und niedergeschrieben.

Kollege ruft an:
Ich lass' ihn nicht warten

von Dr. Hartmut Sauer, Hals-Nasen-Ohren-Arzt, München

Das Problem: Zeitraubendes Warten beim Telefonieren mit Kollegen während der Sprechzeiten.

Der Tip: Meine Helferinnen haben die Anweisung, beim Anruf eines Kollegen oder bei Ferngesprächen mit der Telefonanlage zwei statt ein Klingelzeichen zu geben.

Die Folge: Bei einfachem Klingelzeichen kann ich getrost ein Patientengespräch zu Ende führen bzw. die Untersuchung abschließen, ohne einen Kollegen durch zu langes Wartenlassen zu verärgern.

Überweisungen:
Adressen schon vorgedruckt

von Dr. Dietrich Gahrmann, Kinderarzt, Coesfeld:

Das Problem: Ich habe eine Kinderarztpraxis, und da kommt es häufiger vor, daß ich Überweisungen zu Fachärzten und Kliniken oder Krankengymnastinnen ausstellen muß.

Der Tip: Wir haben uns das lange Suchen der Adressen erleichtert durch per Adrema vorgedruckte Anschriften. Diese Adressen bewahren wir in einem kleinen Kästchen, nach Facharztrichtungen geordnet, griffbereit auf.

Meine Pinnwand wird gelesen

von Dr. Jörn Pankow, Facharzt für innere Medizin, Flensburg

Der Tip: Pinnwände in Wartezimmern sieht man häufiger und haben sich bewährt. Wichtige Informationen (z. B. Impf-, Vorsorgeuntersuchungs- und Urlaubstermine, Hinweise für Treffs von Alkohol- oder psychisch Kranken, Rheuma-Liga u. ä.) können hier bekanntgegeben werden. Wir zieren unsere Pinnwand in unregelmäßigen Abständen mit netten Witzen, z. B. aus der „Medical Tribune", und erhöhen damit deutlich die Patientenaufmerksamkeit für unsere Infowand.

Bei mir macht Warten Spaß

von Dr. Ferenc X. Czagàny, Arzt für Allgemeinmedizin,
Stadtlauringen

Der Tip: Ich lege ein Witzbuch ins Wartezimmer. Es ist ein
Ordner mit ausgewählten, auf lose Blätter geklebten und
eingehängten Witzen. Keine Arztwitze!

Die Folge: Das Buch ist sehr begehrt (muß häufig erneuert
werden) und verkürzt die Wartezeit. Auch Patienten, die
nur kurz warten müssen (was jeder hofft), freuen sich über
die heitere Entspannung.

MT-Witze im Wartezimmer

von Dr. Monika Schiemann-Löscher, Ärztin für Allgemeinmedizin, Heidenheim

Der Tip: Seit Jahren schneide ich gut illustrierte Witze aus
Medical Tribune aus, hauptsächlich solche, in denen der
Doktor auf den Arm genommen wird. Diese Witze werden
an eine große Stecktafel im Wartezimmer gehängt.

Die Folge: Ich beobachte immer wieder, daß die Patienten
gerne und erheitert davorstehen, und ich selbst habe das
Gefühl, ihnen die Wartezeit etwas verkürzt zu haben.

Kurzweil im Wartezimmer:
Meine Postkartenwand

von Dr. Michael Drews, prakt. Arzt, Mölln

Das Problem: Wie lassen sich manchmal auftretende unvermeidliche Wartezeiten etwas kurzweiliger gestalten?

Der Tip: Ich bin seit ein paar Jahren dazu übergegangen, sämtliche eingehenden Postkarten-Urlaubsgrüße von Patienten an einer speziellen Postkartenwand zusammenzufassen. Mittlerweile sind ein paar Quadratmeter mit bunten Farbtupfern aus aller Welt „tapeziert". Diese Postkartenwand wird neben dem Wartezimmer von meinen Patienten als Kommunikationszentrum angenommen, vor dem Patienten ihre Urlaubsgrüße wiedersuchen bzw. mit anderen Patienten Urlauberserinnerungen oder Empfehlungen austauschen.

Die Folge: Billige, bunte, interessante und individuelle Gestaltung einer Praxiszone, die durch immer neue Urlaubskarten nie langweilig wird und Wartezeiten überbrücken hilft.

Das gibt der Praxis eine familiäre Note!

von Dr. Kurt Samuel, Arzt für Allgemeinmedizin, Berlin

Der Tip: Ich bitte meine Patienten ausdrücklich, mir von Ferien-, Urlaubsreisen und Kuren eine Ansichtskarte zu schicken. Diese wird in die Kartei gelegt, und ich kann mich nach Rückkehr dafür bedanken und über die Reise und Kur genauer erkundigen. Die Karten werden dann an einem Pinboard im Praxiskorridor angebracht (ähnlich wie in vielen Büros schon üblich!). Die Patienten finden dann ihre Kartengrüße sozusagen „veröffentlicht" und freuen sich darüber.

Die Folge: Das Ganze dient dazu, den Charakter einer „Praxis-Familie" zu fördern.

Krankenkasse gewechselt?
Schild im Wartezimmer

von Dr. Jwad Sahi, Arzt für innere Medizin,
Ennigerloh/Bz. Münster

Das Problem: Im Rahmen der „großen Wende" haben sich in den letzten 2 Jahren infolge der Arbeitslosigkeit die Krankenkassen bzw. die Arbeitgeber mancher Patienten geändert. Bleibt der Patient lange Zeit arbeitsunfähig, so kommt es nicht selten zu einem Wohnungswechsel.

Der Tip: Aus diesem Grunde haben wir dieses Hinweisschild (siehe unten) an der Anmeldung, im Wartezimmer sowie im Behandlungszimmer angebracht.

Bitte unbedingt angeben:

1. Haben Sie Ihre KRANKENKASSE gewechselt?

2. Haben Sie Ihren ARBEITGEBER gewechselt?

3. Hat sich Ihre ADRESSE geändert?

Ich schalte keine Anzeige

von Dr. Hermann Sauer, Arzt für Allgemeinmedizin, Schlitz

Das Problem: Wer seinen Jahresurlaub kurzfristig in der örtlichen Presse ankündigt, muß mit einem enormen Patientenansturm in den ohnehin schon terminmäßig ausgefüllten Vorurlaubstagen rechnen.

Der Tip: In Form eines handgemalten kleinen Posters teilen wir unseren Patienten schon einen Monat vor Urlaubsbeginn den Termin der Praxisferien mit. Dieses kleine Poster hängt gerahmt in unserem Wartezimmer.

Die Folge: Ruhigere Vorurlaubszeit, die Patienten teilen über Mundpropaganda mit, daß der Hausarzt in Urlaub geht. Kein Run auf Rezepte an den letzten Arbeitstagen.

Haben Sie auch eine Spielecke im Wartezimmer?

von Dr. Ferenc X. Czagàny, Arzt für Allgemeinmedizin, Stadtlauringen

Der Tip: Im Wartezimmer unserer Allgemeinarztpraxis haben wir eine Spielecke eingerichtet: kleiner Tisch, 4 Kinderstühle (auf einem Teppich gegen scharrenden Lärm), Regal mit Büchern, Puzzlespielen, Tupperspielen für die Kleinen, Magnettafel und Malzeug.

Die Folge: Kranke Kinder können beschäftigt und abgelenkt werden. Viele gesunde Kinder begleiten ihre Eltern, um spielen zu können. Im Krankheitsfalle ist der schon bekannte Weg zum Arzt weniger problematisch.

Wartezeit im Wartezimmer:
Ich lasse stricken

von Dr. Margret J. Schulz, Hautärztin, Marburg

Das Problem: Wie die Patienten die Wartezeiten in der Praxis überbrücken können.

Der Tip: Seit mehreren Jahren stricken meine Patientinnen und Patienten, wenn sie warten, verschiedenfarbige Wollkaros, die von mir zu Decken zusammengehäkelt werden.

Die Folge: Die Wartezeit wird überbrückt, den Strickenden macht es Spaß und die Freude bei den Kindern im Kinderheim, die die Empfänger sind, ist groß!

Blutdruckmessen schon an der Anmeldung

von Dr. Wolfram Sinner, Facharzt für innere Medizin, Düsseldorf-Benrath

Das Problem: Regelmäßig Blutdruck messen ist medizinisch sinnvoll. Viele Patienten möchten es. Sie bezahlen in der Apotheke sogar 1 Mark pro Messung.

Der Tip: Im Flur an der Anmeldung hängt ein Blutdruckgerät. Schnell und problemlos können sich hier alle Patienten den Blutdruck messen lassen und in die Kartei eintragen lassen.

Fazit: Bessere Überwachung und Compliance.

Gewichtskontrolle:
Ich habe eine Wiegekabine in der Praxis

von Dr. Gerhard Kappler, Internist, Dornhan

Das Problem: Es gibt in der Praxis immer wieder Untersuchungen, wo Größe, Gewicht und Körperoberfläche bekannt sein sollten, z. B. zur Lungenfunktionsprüfung. Weiter ist eine Gewichtskontrolle heute bei allen Stoffwechselkrankheiten erforderlich.

Der Tip: Es empfiehlt sich deshalb – ähnlich wie bei der Blutdruckmessung –, schon bei der Anmeldung eines neuen Patienten Gewicht und Körpergröße zu messen und auf der Karteikarte festzuhalten. Die Gewichtsmessung sollte dabei rücksichtsvollerweise in einer nicht einsehbaren Kabine durchgeführt werden (ich habe mit einem Vorhang eine Ecke abgetrennt).

Die Folge: Als positiver Nebeneffekt wird hier besser als durch den mündlichen Hinweis der Wert des Gewichts demonstriert und die Motivation zur Gewichtsabnahme geschaffen. Weiterhin ergibt sich eine sichere Verlaufskontrolle bei Auftreten von Krankheiten mit unklarer Gewichtsabnahme, wenn das Ausgangsgewicht eines jeden Patienten bekannt ist.

Elektronisches RR-Meßgerät:
Den Fehler mache ich nicht mehr

von Dr. D. Dumitrescu, prakt. Ärztin, Wissen

Das Problem: Kürzlich schickte ich ein elektronisches RR-Meßgerät ein zum Eichen. Mir wurde mitgeteilt, das Gerät sei durch ausgelaufene Batterien beschädigt, und die Reparatur koste 180 DM. Wie ärgerlich. Deshalb habe ich für die Praxis und meinen privaten Bereich folgendes bestimmt:

Der Tip: Statt wie bisher die Batterien einzeln auszuwechseln, wenn mal ein Gerät streikt oder eine Uhr steht, erneuere ich künftig alle Batterien einmal pro Jahr zu einem festgelegten Zeitpunkt. Ich kann dann ein günstiges Sonderangebot wahrnehmen, was sich bei Einzelkauf nicht lohnt. Oft werden Batterien auch gar nicht mehr einzeln verkauft, so daß die anderen nur herumliegen. Zur besseren Effektivität habe ich einen Liste angelegt mit allen Geräten und den benötigten Batterietypen. Der Zeitpunkt zum Wechseln ist am besten der Winter, wenn die meisten Batterien verkauft werden und diese immer frisch sind.

Bestrahlung:
Wie ich mein Gerät auslaste

von Dr. Gerhardus Lang, Allgemeinmedizin – Homöopathie, Boll

Das Problem: Bei der Zeiteinteilung für die Bestrahlungsgeräte entstehen immer Probleme mit der Terminplanung.

Der Tip: Ich habe als rationellste Methode mit billigen Mitteln folgende gewählt: Zu jedem Gerät (meist steht ja nur eines in einem Raum) wird eine relativ preiswerte Ultra-

dexkartentafel 45 x 60 cm angeschafft und an die Wand gehängt. Sie hat 25 Steckfächer, die nun auf der linken Seite
mit kleinen Aufklebern, z. B. Herma-Haftetiketten 12 x 18
mm in Zeitabschnitte, alle 20 Min. ein Fach: 8.00 Uhr, 8.20
Uhr, 8.40 Uhr, 9.00 Uhr etc. für den ganzen Tag versehen
wird. Oben kommen quer auf die oberste Fläche die 5 oder
6 Wochentage, an denen gearbeitet wird. Jeder Patient,
dem eine Bestrahlungsserie verordnet wird, bekommt eine
kleine DIN-A6-Karteikarte mit Namen, Gerät, Dosierung,
Lokalisation etc., wo jeweils bei der Applikation das Datum
eingetragen wird. Diese Karte wird dann an die Stelle gesteckt, wo der nächste Termin für den Patienten vorgesehen ist.

Die Folge: Es entfällt eine umständliche schriftliche Terminplanung, bei jedem Gerät sieht man auf einen Blick, wann
ein Termin frei ist, und man hat auch immer einen Überblick über die jeweilige Auslastung. Man kann dem Patienten zusätzlich noch einen Zettel mitgeben, was sich aber
bei uns als unnötig erwiesen hat. Wichtig ist nur, daß der
Eintrag auf dem Krankenschein nicht vergessen wird. Aber
da ist die fortlaufende Eintragung auf dem Karteikärtchen
eine Gedächtnisstütze. Nach Beendigung landet dieses
Kärtchen in der Karteitasche als Beleg für die Bestrahlungsserie.

Praxisgeräte:
Weniger Ärger mit Reparaturen

von Dr. Ulrich Zwadlo, Internist, Würselen

Das Problem: Wie oft gibt es Defekte an den Apparaturen in der ärztlichen Praxis, sei es am Elektrokardiographen, am Photometer, an der Adrema, dem telefonischen Anrufbeantworter, der Wechselsprechanlage o. ä. Und dann beginnt die Suche nach der Adresse des entsprechenden Reparaturdienstes.

Der Tip: In meiner Praxis findet sich auf jedem Gerät, das unbedingt in Betrieb, respektive schnellstens wiederhergestellt sein muß, die Telefonnummer (selbstverständlich mit Vorwahl) der entsprechenden Servicestation, auf Dy'mo-Streifen geprägt, rückseitig angeklebt. Übrigens: Daneben hängt griffbereit, mit einem Leukoplaststreifen fixiert, die notwendige Ersatzsicherung, -spezialglühbirne, gegebenenfalls ein Ersatzspezialschlüssel.

Praxisgerät defekt?
Ich mußte Lehrgeld zahlen

von Dr. Günther Portzky, Arzt für Allgemeinmedizin,
Augsburg

Das Problem: Kürzlich fiel in meiner Praxis ein Elektroge-
rät aus, das dringend benötigt wurde. Es dauerte einige
Zeit und mehrere Telefonate, um die Adresse des örtlichen
Kundendienstes festzustellen, wobei dort auch noch Be-
triebsurlaub herrschte. Zudem lag meine erste Sprechstundenhilfe, die sich in diesen Dingen auskannte, auch noch
im Krankenhaus, so daß ich die Angelegenheit selbst in
die Hand nehmen mußte, um weitere Verzögerungen zu
vermeiden, wie dies bei nachgeordnetem Personal, besonders wenn es sich um Auszubildende handelt, öfter vorkommt.

Der Tip: Ich habe zwischenzeitlich eine Liste mit zuständi-
gen örtlichen Kundendiensten für alle wichtigen Geräte in
meiner Ordination anfertigen lassen, zusätzlich mit Ersatz-
adressen und Telefonnummern. Das Ganze wurde auf Karton geklebt und sichtbar aufgehängt. Die Rückseite ziert
eine Liste von wichtigen Klinikadressen und Fernsprech-
nummern von Fachkollegen, mit welchen ich ständig zu-
sammenarbeite. Auf diese Weise läßt sich (hoffentlich) eine
weitere Panne vermeiden!

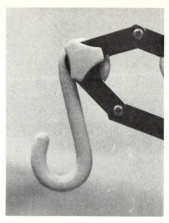

Kabelsalat am EKG-Gerät?
Nicht bei mir

von Dr. K. Plogstedt, Arzt für Allgemeinmedizin, Metzingen

Das Problem: Kabelsalat am EKG etc.

Der Tip: Man nehme eine einfache Gelenkleuchte, demontiere den Lampenschirm und Fassung und befestige an der Halterungsachse des demontierten Schirms einen Garderobenhaken aus Plastik (ca. 8 cm lang). Am EKG-Kabel befestige man mit Tesaband oder Leukoplast einen Gardinenring, der dann in den Garderobenhaken eingehängt wird. Das verwandelte Leuchtengestell kann man mit Schrauben an einer Wand oder mit der Schraubhalterung an einem Tisch oder Regal befestigen.

Die Folge: Das ist billiger und leistet den gleichen Dienst, wie die etwa 300 DM teuren Kabelgestelle.

Gebrauchsanweisungen immer griffbereit

von Dr. Marie-Luise Glave, Fachärztin für innere Medizin,
Berlin-Lichterfelde

Das Problem: Wo ist die Gebrauchsanweisung?

Der Tip: Klarsichthülle mit Tesafilm auf die Geräteunterseite kleben, deutsche Fassung der Gebrauchsanweisung hineinstecken. Die fremdsprachige Fassung wie üblich mit Rechnung und Garantieurkunde abheften.

Die Folge: Anweisung ist immer dort, wo sie benötigt wird.

Anrufe im Notdienst:
Was ich sofort notieren lasse

von Dr. Christian Münscher, prakt. Arzt, Griesstätt

Der Tip: Im Notdienst lasse ich bei Eingang eines Notrufs Personalien und Adresse des Patienten gleich schon am Telefon auf das rote Notdienstformular schreiben. Dazu lasse ich wegen möglicher Rückfragen auch die Telefonnummer vermerken.

Die Folge: So sind alle Daten schriftlich und arbeitssparend unterwegs vorhanden. Deswegen liegt auch an jedem Telefon ein Stapel Notdienstformulare.

Telefonieren:
So spare ich Zeit und Geld

von Dr. Dieter Rukser, Arzt, Hamburg

Der Tip: Um beim Telefonieren Zeit und Geld zu sparen, lege ich an jedes Telefon eine einfache Stoppuhr und einen Schreibblock mit mehreren Kugelschreibern.

Die Folge: Dabei merkt man erst, wieviel Zeit am Telefon z.T. vergeudet wird.

Telefonate schnell und billig

von Dr. Cornelius Rosenfeld, Facharzt für Kinderkrankheiten, Emsdetten

Das Problem: Telefongespräche mit Krankenhäusern und Kliniken sind teuer, weil man meist über die Zentrale vermittelt erst nach längerer Zeit den richtigen Kollegen an der Leitung hat.

Der Tip: Ich habe mir die internen Telefonverzeichnisse der Krankenhäuser und Kliniken von den Sekretärinnen geben lassen oder frage: „Kann man durchwählen?" – und sortiere mir dann die Nummern.

Die Folge: So ist es leichter, mehrmals kurz und billig zu probieren, als einmal langdauernd von Hinz nach Kunz verbunden zu werden.

Sonntagsdienst:
So bespreche ich meinen
Anrufbeantworter

von Dr. Ulrich Zwadlo, Facharzt für innere Medizin,
Würselen

Das Problem: An Wochenenden oder Feiertagen teilen sich
oft verschiedene Ärzte den Dienst. Es soll verhindert werden, daß aufgeregte Patienten oder deren Angehörige noch
am Sonntag den Arzt, der seinen Samstagsdienst bereits
absolviert hat, anrufen, weil sie das Band des telefonischen
Anrufbeantworters nicht bis zum Ende abgehört haben.

Der Tip: Der telefonische Anrufbeantworter sollte unbedingt
zu Beginn des Textes über die Terminierung der Dienstab-
läufe, erst danach über die Diensthabenden Auskunft geben: „... Hier telefonischer Anrufbeantworter Praxis Dr. N.
Bis Sonntagmorgen 8 Uhr wird der organisierte Notdienst
versehen durch Herrn Dr. X, bis Montagmorgen 8 Uhr
durch Herrn Dr. Z." Nach meiner Erfahrung wird das Band
ohne zuerst genannten Termin nicht bis zum Ende abgehört.

PS: Anrufbeantworter, die telefonische Bestellungen auf
Band nehmen, sind in Arztpraxen nicht zu installieren, da
sich schwerwiegende juristische Konsequenzen ergeben
können, weil mit der (auch maschinellen) Annahme einer
Bestellung ein Arzt-Patienten-Vertrag geschlossen ist.

Sprachprobleme mit Ausländern?

von Dr. Günther Portzky, Arzt für Allgemeinmedizin, Augsburg

Das Problem: In jeder Ordination Mitteleuropas tauchen immer mehr Ausländer auf, deren Sprache der behandelnde Arzt nicht oder nur unvollständig beherrscht, während die Patienten nur geringe Kenntnisse der Landessprache besitzen, d. h. des Gastlandes.

Der Tip: In meinem Schreibtisch findet sich eine Liste von geeigneten Dolmetschern mit Telefon, die ich schnell erreichen kann, während der Sprechstunde (Hausfrauen, Patienten, Betriebskollegen, Bekannte usw.). Gibt es Probleme, so habe ich sofort Kontakt. Ebenfalls besitze ich Diät-Anweisungen (Magen, Galle, Niere, Adipositas) in mehreren Sprachen. Diese werden von einzelnen Firmen kostenlos abgegeben. Vorsicht: Slovenen können serbokroatische Diätanleitungen nicht lesen, auch wenn diese in „jugoslawischer Sprache" verfaßt sind!

Alte Ärztemuster?
Bei mir nicht!

von Dr. Thomas Rippich, Internist – Nephrologie, Freiburg

Das Problem: Im Ärztemusterschrank ist die Überalterung von Mustern kaum zu überprüfen, da die wenigsten Hersteller ihre Packungen mit Produktions- oder Verfalldatum auszeichnen.

Der Tip: Jedes Ärztemuster wird mit Tageseingangsstempel versehen.

Die Folge: Ein Blick auf die Packung schützt vor Abgabe überalterter Ärztemuster.

Watte vom Supermarkt

von Dr. Dieter Rukser, Hamburg

Der Tip: Watte für die Praxis kann man in einem großen Supermarkt oft erheblich billiger bekommen als in einem Fachgeschäft für Arzneibedarf oder in der Apotheke (Apotheker-Preise!).

Statt Stempel:
So geht's schneller

von Dr. Cornelius Rosenfeld, Facharzt für Kinderheilkunde, Emsdetten

Der Tip: Zu Kongressen und Ausstellungen nehme ich Selbstklebeetiketten mit aufgestempelter Adresse mit statt eines Stempels.

Der Vorteil: Mehr Platz in der Brieftasche und schnellere Abfertigung an den einzelnen Ständen.

Überweisung:
Ich bekomme den Bericht immer

von Dr. Peter Appelt, Arzt, Rheurdt 1

Das Problem: Der früher selbstverständliche Brauch, dem überweisenden Kollegen einen schriftlichen Bericht zuzuschicken, scheint verlorenzugehen. In zunehmendem Maße senden Fachgebietsärzte, an die ich meine Patienten zur Mit- bzw. Weiterbehandlung überweise, keine schriftlichen Befundberichte an mich. Als Hausarzt lege ich jedoch darauf besonderen Wert.

Der Tip: Seitdem ich auf jedem Überweisungsschein den farbigen Vermerk „Erbitte schriftlichen Befundbericht. Danke!" anbringe, ist kein einziger Befundbericht mehr ausgeblieben.

✉ Dazu gab es Kritik:

„Erbitte Befundbericht":
Auf Stempel reagiere ich nicht

*Auf Stempelvermerke „Erbitte Befundbericht" reagiere ich
und sicherlich viele Mitkollegen überhaupt nicht. Herr Appelt sollte sich vielmehr an den Brauch erinnern, auch
einem Fachkollegen einen kurzen Hinweis über Verdachts-
diagnose oder bisherige Medikation oder Risiken zu geben.
Denn gerade auf letzteres ist der Mitbehandelnde angewiesen, da vom Patienten diesbezüglich oft keine Angaben gemacht werden. Dann kommt auch postwendend der Befundbericht, auch ohne farbigen Vermerk. Zur Kollegialität gehört einfach das korrekte Ausfüllen eines Überweisungs-
scheines, wenn man an einer Antwort interessiert ist!*

Dr. Franz Merz, Facharzt für Orthopädie, Sportmedizin,
Offenbach

und wo bleibt Ihr Tip?

Postkarten
finden Sie am Ende des Buches

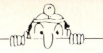

Karteiführung und Abrechnung

3

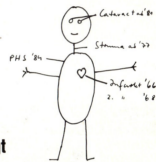

Vorgeschichte: Ein Blick genügt

von Helmuth Mauer, praktischer Arzt, Lichtenberg

Das Problem: Der Patient, der das Sprechzimmer betritt, erwartet von mir, daß ich mich innerhalb von Sekunden voll auf ihn eingestellt habe und über ihn und seine Vorgeschichte Bescheid weiß.

Der Tip: Auf der Vorderseite der Karteikarte zeichne ich ein Diagnosemännchen, bei dem die bisherigen Erkrankungen stichwortartig organbezogen festgehalten sind (siehe Beipiel).

Die Folge: Rasche Übersicht über die Vorgeschichte des Patienten.

Patientenkartei:
So finden wir unsere Ausländer schneller

von Dr. E. Gruber, Kinderarzt, Berlin

Das Problem: Suchen und Finden der richtigen Karteikarte von Kindern ausländischer Eltern, die häufig sprachunkundig und obendrein Analphabeten sind.

Der Tip: Ein Karton in Postkartenformat mit unseren Sprechzeiten usw. wird anläßlich des ersten Besuches mit dem Adrema-Abdruck des betreffenden Kindes versehen und den Eltern quasi als Patientenausweis ausgehändigt, den sie bei allen späteren Praxisbesuchen uns vorlegen.

Allergisch gegen Medikamente:
Karteikarte markieren

von Dr. Ernst Möller, Arzt für Allgemeinmedizin, Bielefeld

Der Tip: Die Karteikarten solcher Patienten, die auf ein Medikament allergisch reagieren, werden unübersehbar durch einen roten Diagonalstrich markiert, und das jeweilige Mittel kommt in roter Schrift dazu.

Suchen in der Kartei:
So sparen Sie viel Zeit

von Dr. Gerd Höfling, Facharzt für Augenkrankheiten,
Wülfrath

Das Problem: Schneller Karteikarten finden. Fast alle Karteikarten gibt es in weißer und roter Farbe, weiß für männliche, rot für weibliche Patienten. Nur werden sie oft in der Kartei zusammen eingeordnet. So blättert man beim Suchen nach der Karte einer Frau auch die Karten aller Männer immer wieder mit durch, also etwa doppelt so viele Karten.

Der Tip: Anordnung der Karteikarten für beide Geschlechter getrennt. Unter jedem Buchstaben zuerst alle roten Karten, dann alle weißen.

Die Folge: Beim Suchen einer roten Karte werden die weißen nicht berührt. Zeitersparnis: 50 %.

A	B	C	D		F	G	H	I	J	K	L	M	N	O	P	Q	R	S	Sch	St	T	U	V	W	X	Y	Z

Name des Behandelten	Vorname			Kasse	
Ennen	Siebo	13	11 30		A O K
		Geburtstag		Mitglied Nr.	
Name des Vaters/Ehegatten	Vorname		Beruf		
		Geburtstag	Arbeitgeber		
					Ü-Arzt.:
Wohnort und Straße					Fernruf

Patientenkartei:
Pfeile mit Signaleffekt

von Dr. Enno Giencke, Internist, Oldenburg

Das Problem: Schnelle, einfache Information auf der Karteikarte.

Der Tip: Außer den bereits üblichen Einfärbungen des Anfangsbuchstabens des Patienten wird ein Buchstabe in der meist üblichen Alphabet-Leiste (am oberen Rand der Karteikarte) durch Pfeil gekennzeichnet. A = Allergie (Vorsicht bei Maßnahmen, Rezepten). I = Interessanter Fall (med.-wissenschaftlich, juristisch. Karteikarte über die vorgeschriebene Zeit hinaus aufbewahren). P = Patienten-Testament (Patient wünscht Berücksichtigung). R = Risiko-Patient (sofortige Sonderversorgung bei Anmeldung). Sch = Schwerhörigkeit (Besprechungen in besonderen Räumen ohne „Mithörer"). Weitere Buchstabenwahl für „besondere" Berufe, z.B. „L" wie Lehrer (!).

Die Folge: Schnelle erste Information an Arzt, Praxisvertreter und Arzthelferin (neue!) im laufenden Betrieb und bei Archivierung. Einfache Handhabung ohne Stempel. Weitere Hinweise in der Karteikarte.

Ich numeriere die Patienten

von Dr. Wolfram Sinner, Facharzt für Innere Medizin,
Düsseldorf-Benrath

Das Problem: Wie ich mir die Archivführung erleichtere.

Der Tip: Jeder Patient bekommt auf der Karteikarte eine
Nummer, die Röntgentüte, die Elektrokardiogramme, die
Laborkarte, die zum Teil nicht bei der Karteikarte aufbe-
wahrt werden oder zeitweise aus der Karteikarte entfernt
werden, sind so leichter wieder aufzufinden.

Die Folge: Das Archiv ist erheblich leichter zu führen und
wächst am Ende weiter und nicht in der Mitte, gemäß dem
Alphabet, „auseinander". Die Durchnumerierung ist außerdem für eine in Zukunft geplante EDV sehr nützlich.

Ein Signal für die Helferin

von Dr. E. Gruber, Kinderarzt, Berlin

Das Problem: Durch wechselnde Belegschaft – Schicht-
dienst der Helferinnen – weiß nicht jede immer alles, ohne
in die Karte zu gucken, zum Beispiel: Kind mit bekannten
Windpocken ins Wartezimmer gesetzt.

Der Tip: Wichtiges wird durch Einlegen einer farbigen
Kunststoffkarte mit „seitlicher Nase" in die Patientenkartei
dokumentiert (Reiter haben sich bei uns nicht bewährt).
Das Einlageblatt signalisiert auf einen Blick beispielsweise
rot – ansteckend, grün – Laborbefunde stehen noch aus,
blau – Tubergentest ablesen usw.

Befunde suchen:
Ich finde sie ganz schnell

von Dr. Klaus Glaßner, Arzt, Recke

Das Problem: Suchen von Befunden.

Der Tip: Bestimmte Untersuchungstechniken werden auf
verschiedenfarbigen Einlegeblättern dokumentiert, z.B.
grünes Blatt für Rö.-Befunde, blaues Blatt für Sonographie-
befunde, rosa Blatt für Gastroskopien, gelbes Blatt für
EKG-Befundungen usw.

Die Folge: Kein lästiges Suchen in dicken Karteikarten. Die
gewünschten Untersuchungen sind sofort zur Hand.

Ekzeme

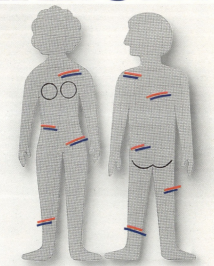

Kaban®

wirkt sofort
über 24 Stunden

Kaban ®

Kaban® Creme/Salbe. Spezialkortikoid mit Sofortwirkung und Dermoretardeffekt. **Zusammensetzung:** 1 g Kaban Creme bzw. Salbe enthält: Clocortolon-21-pivalat 1 mg, Clocortolon-21-hexanoat 1 mg. **Indikationen:** Alle Ekzeme, entzündliche und allergische Hauterkrankungen, Pruritus, Intertrigo, Psoriasis vulgaris, Neurodermitis, Verbrennungen 1. Grades, Lichen ruber, Röntgenerythem und Insektenstiche. **Dosierung und Anwendungsweise:** Täglich nur einmal dünn auftragen. In schweren Fällen jedoch in den ersten Tagen morgens und abends. **Kontraindikationen:** Spezifische Hautprozesse (Tbc, Lues), Varizellen, Vakzinationsreaktionen, bestimmte Hautentzündungen im Gesicht (periorale Dermatitis, Rosazea). Bei bakteriellen Hautinfektionen und Mykosen im Anwendungsbereich ist zusätzlich eine spezifische Therapie erforderlich. Bei länger dauernder Anwendung in hoher Dosierung oder auf großen Flächen mögliche systemische Wirkung beachten. **Nebenwirkungen:** Bei länger dauernder Anwendung: Hautatrophien, Teleangiektasien, Striae, Steroidakne. **Besondere Hinweise:** Kaban darf nicht ins Auge gebracht werden. Entsprechend den heute allgemein gegebenen Empfehlungen sollten Arzneimittel während der Schwangerschaft, insbesondere im 1. Trimenon, nicht angewendet werden. **Packungsgrößen und Preise:** Tube mit 15 g DM 10,75; Tube mit 30 g DM 19,25; Tube mit 50 g DM 27,25. Weitere Angaben sind in dem für den Arzt bestimmten wissenschaftlichen Prospekt enthalten.

Praxisdokumentation:
So geht's schneller

von Dr. W. Callensee, Kinderarzt, Mainz

Das Problem: Die Aufzeichnungen der Untersuchungser-
gebnisse meiner Patienten werden auf mein Diktat hin von
einer Mitarbeiterin während der Sprechstunde gemacht.
Das Problem sind Ordnung, Vollständigkeit und Kürze der
Notizen.

Der Tip: Wir halten uns an das Buchstabenschema: A: ...
B: ... D: ... T: ... WV: ... A = Anamnese, B = Befund, D
= Diagnose, T = Therapie, WV = weiteres Vorgehen. Außerdem werden andere Abkürzungen für häufige Ausdrük-
ke benutzt wie Lu = Lunge, He = Herz, Fie = Fieber etc.

Die Folge: Die Praxisdokumentation ist geordnet, vollständig, schnell erledigt und raumsparend. Sollte ich vergessen, die Diagnose zu nennen, werde ich darauf aufmerksam gemacht.

Patienten mit gleichen Namen
So gibt's keine Verwechslung

von Dr. Manfred Wagner, Arzt für Allgemeinmedizin, Großrosseln

Das Problem: Markierung von Karteikarten bei Patienten mit gleichen Vor- und Zunamen und eventuell gleicher Kasse.

Der Tip: Neben das Adressenfeld kommt ein großes, rotes Ausrufezeichen. Somit weiß die Helferin, wenn die Personalien angegeben werden, daß sie unbedingt darauf achten soll, ob auch das Geburtsdatum stimmt.

Die Folge: So kann Verwechslungen der Karteikarten bzw. der Patienten vorgebeugt werden.

Ich führe 2 Karteien

von Helmuth Mauer, Arzt, Lichtenberg

Das Problem: Im Laufe der Jahre sammeln sich – vor allem beim Hausarzt – Berge von Befunden. Im Ordner abgeheftet, eventuell in Klarsichthüllen, ist die Aufbewahrung relativ platz- und kostenintensiv.

Der Tip: Ich lege eine 2. Karteikarte an, in die nur die alten Befunde abgelegt werden.

Die Folge: Die aktuellen Karteikarten sind nicht mehr so aufgebläht wie früher. Die neuesten Befunde sind schnell zur Hand, weil sie nicht mehr aus einem ganzen Stapel rausgesucht werden müssen. (Diese ruhende Kartei kann entweder separat aufgehoben werden oder – entsprechend markiert – in der normalen.)

Patientenkartei:
Ein Tip für junge Kollegen

von Dr. Wolfgang Jedlitschka, Arzt für Allgemeinmedizin,
Augsburg

Das Problem: Aussortieren von Karteikarten von Patienten,
die einige Jahre nicht mehr in Behandlung gekommen
sind.

Der Tip: Ich verwende seit Jahren eine sogenannte „Jah-
res-Karteikartenmarkierung". Vorgehen: Mittels farbigen
Markierungspunkten $\varnothing$ 8 mm von Zweckform (9 Farben
sind möglich) wird jede Karteikarte mit Jahresbeginn am
oberen Rand, von rechts außen beginnend, mit einer nur
in diesem Jahr verwendeten Farbe (= Markierungspunkt)
markiert. Jahreszahl und Farbe werden zur Erinnerung ge-
sondert notiert.

Die Folge: Wird die Markierung regelmäßig über Jahre hindurch durchgeführt, können anhand der Farbe = Jahreszahl (z. B. roter Punkt = 1981) alle Karteikarten von Patienten, die seit z. B. 1981 nicht mehr in Behandlung waren,
leicht aussortiert und in der Archivkartei untergebracht
werden. Die Kartei ist dadurch nie überaltert. Kommt ein
Patient nach Jahren wieder in die Praxis, wird die Karteikarte der Archivkartei entnommen, mit dem Jahres-Kartei-
markierungspunkt 1986 versehen usw. usw. Vielleicht kann
dieser Tip insbesondere jungen Kollegen, die mit der
Praxis beginnen, helfen, Ordnung in den Karteibetrieb zu
bringen.

Tetanus mit Grün eintragen

von Dr. Karl Felix Schwab, Arzt für Allgemeinmedizin, Elfershausen

Das Problem: Bei Verletzungen werden die Patienten nach vorhergehenden Injektionen gefragt. Meist wissen sie nicht, ob ausreichender Tetanusschutz besteht.

Der Tip: Jede bei uns erfolgte Tetanusimpfung wird mit farbigem Filzstift (z. B. grün) auf die rechte Vorderseite der Kartei eingetragen. Falls der Patient bereits einen Impfpaß besitzt und schon Injektionen von anderen Ärzten erhalten hat, werden die Daten ebenfalls auf die Kartei übertragen.

Die Folge: Man sieht auf einen Blick, ob der Patient durchgeimpft ist bzw. ob noch Injektionen zur Vervollständigung des Schutzes erfolgen müssen.

Impfung:
So wird sie nicht vergessen

von Dr. E. Gruber, Kinderarzt, Berlin

Das Problem: Versäumen von Impfterminen und Nichteinhalten der erforderlichen Zeitabstände zwischen den Impfungen.

Der Tip: Anläßlich einer Impfung oder Vorsorgeuntersuchung sowie sonstiger Gelegenheiten heften wir auf das Deckblatt des Impfbuchs des Kindes einen vorbereiteten Zettel, auf dem der Termin und die nächste fällige, empfohlene Impfung vermerkt sind mit dem Hinweis, ob es sich um eine Spritze oder Schluck handelt.

Diese Patienten kommen wieder

von Birgit Kinzie, beschäftigt bei Dr. Ludwig Griebel,
Internist, Tauberbischofsheim

Der Tip: Wir haben für unsere therapiebedürftigen Patienten folgendes Erinnerungssystem entwickelt: Wenn ein Patient einen bestimmten Termin einhalten muß, weil er z.B. pathologische Laborwerte hat oder in einem Monat zur zweiten Tetanolspritze kommen muß oder wenn die Tumornachsorge wieder erforderlich ist, so nehme ich ein Rezeptformular (das bereits immer vorbereitet mit Namen usw. in der Karte liegt), trage den Termin ein, wann er wieder kommen muß, und vermerke den Grund, warum er wieder vorsprechen muß. Diese Rezepte werden dann nach Monaten sortiert und in einem eigenen Ordner abgeheftet. Jeweils einen Monat im voraus werden die Rezeptformulare dann herausgenommen, und die Patienten werden dann angeschrieben oder angerufen.

Die Folge: Auf diese Weise ist dafür gesorgt, daß therapeutische Maßnahmen oder wichtige Kontrollen nicht versäumt werden.

Vorsorgeuntersuchung:
So wird sie nicht vergessen

von Dr. E. Gruber, Kinderarzt, Berlin

Das Problem: Versäumen von Vorsorgeuntersuchungen im Kindesalter, Impfungen, Kontrolluntersuchungen nach bestimmten Zeiträumen, Erinnerungsversuch unsererseits.

Der Tip: Anläßlich einer Untersuchung, eines Arztbriefs oder ähnlichem wird sofort eine von uns zu diesem Zweck entworfene Karte ausgefüllt (je nach Anlaß in unterschiedlichen Farben), und zwar: Name des Kindes, Termin der nächsten Impfung, Vorsorgeuntersuchung oder Kontrolluntersuchung, ggf. Spezialist oder Internist für die Untersuchung vermerkt. Diese Karte wird in einem Kasten mit Zweijahresregister und monatlicher Unterteilung „auf Termin" gelegt. Einmal im Monat werden sämtliche Erinnerungen per Post versandt.

Laborwerte:
So übersehe ich nichts

von Ulrich Lehmann, Internist, Schweinfurt

Der Tip: Wir gehören einer Laborgemeinschaft an und bekommen die Blutbefunde per Computerausdruck. Beim Einsortieren der Befundblätter in die Patientenkartei markieren meine Helferinnen pathologische Parameter mit rotem Leuchtstift und legen ggf. gleichzeitig ein entsprechendes Informationsblatt für den Patienten bei (z. B. bei Fettstoffwechselstörung, erhöhter Harnsäure, Diabetes mellitus).

Die Folge: Auf diese Weise übersehe ich beim nächsten Patientengespräch keinen pathologischen Befund, kann ohne allzu großen Zeitaufwand umfassend beraten und dem Patienten Anhaltspunkte für seine Diät mit nach Hause geben.

Laboruntersuchung:
So wird nichts vergessen

von Dr. E. Gruber, Kinderarzt, Berlin

Das Problem: Viele Laborproben sind am Labortag schnell zu kennzeichnen.

Der Tip: Für jeden bestellten Laborpatienten wird ein von uns entworfener Labor-Begleitschein ausgefüllt, auf dem sämtliche von uns durchgeführten oder veranlaßten Laboruntersuchungen aufgelistet sind:
- Patientendaten werden mit der Adrema „gerollt“,
- die vorgesehenen Untersuchungen angekreuzt,
- das Blutentnahmedatum wird eingetragen und
- der Schein mit einer Nummer versehen. Am Labortag werden alle Proben bzw. deren Behälter (Objektträger, Pipetten, Röhrchen usw.) nur mit der Nummer beschriftet.

Die Folge: Das mühsame Namenschreiben entfällt.

Laboruntersuchung:
So informiere ich meine Patienten

von Dr. Albert Bechstein, Facharzt für Innere Krankheiten, Frankfurt

Der Tip: Resultate morgendlicher Laboruntersuchungen sehe ich mir an und hänge einen Zettel mit einer kurzen Notiz darüber (etwa: Blutzucker deutlich erhöht, kommen Sie morgen in die Sprechstunde) an die Karteikarte. Den Text dieser Notiz kann die Sprechstundenhilfe ohne Rückfrage bei mir dem Patienten durchgeben. Nur bei komplizierterem Sachverhalt und der Bemerkung „mich" auf dem Zettel werde ich selbst verbunden, um den Patienten ausführlicher zu informieren und mit ihm einen Termin auszumachen.

Die Folge: So wird der Sprechstundenablauf seltener unterbrochen, ich selbst werde weniger gestört und kann konzentrierter arbeiten. Der Patient ist rasch über seinen Befund informiert, auch wenn er nicht umgehend in der Sprechstunde erscheinen muß.

So überrasche ich meine Patienten

von Dr. Eva Hoffmann, praktische Ärztin, Rheinmünster-Söllingen

Der Tip: Artikel aus der medizinischen Fachpresse, die für einen Patienten interessant sein könnten, lege ich in dessen Karteikarte und bespreche sie mit ihm bei seinem nächsten Besuch. Für mich ist das ein „Memory"-Effekt und für den Patienten, denke ich, ein Beweis meiner Anteilnahme.

Medizinische Artikel:
Ich schnipple für meine Patienten

von Dr. Dietmar Peter Witte, Arzt für Allgemeinmedizin, Gnarrenburg

Das Problem: Es gibt Erkrankungen, die dem Laien völlig unbekannt sind, wie z. B. Plexusläsionen, Hauterkrankungen unklarer Genese, Infektionskrankheiten etc. Da er sich hierüber in der sogenannten Laienpresse wenig oder häufiger falsch informiert, versorge ich meine Patienten folgendermaßen mit Informationen:

Der Tip: Finde ich beim Lesen zufälligerweise Artikel mit neuesten Informationen über Erkrankungen meiner Patienten, schneide ich diese aus und lege sie in ihre Karteikarte. Bei der nächsten Konsultation händige ich ihnen die Artikel aus oder spreche sie mit ihnen durch.

Erfolg: Der Patient gewinnt häufig viel mehr Einsicht in die Art seiner Erkrankung, und wenn es sich um langdauernde Erkrankungen handelt, wird der erforderliche Faktor Zeit für den Heilerfolg häufig besser akzeptiert.

Interessante Artikel in die Patienten-Kartei

von Dr. Thomas Franken, Arzt für Arbeitsmedizin, Sportmedizin, Betriebsarzt im Gerling-Konzern, Köln

Das Problem: Erleicherung des Praxisalltags.

Der Tip: Interessante Beiträge aus wissenschaftlichen Zeitschriften (z.B. Medical Tribune) fotokopieren und in die Akte der betreffenden Patienten einheften.

Vorteil: Bei Erscheinen der Patienten Erinnerung über Neuigkeiten, Änderungen etc. bei dem entsprechenden Krankheitsbild.

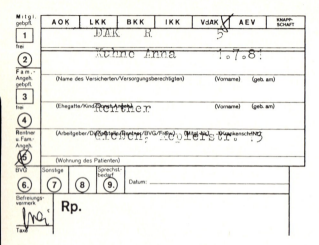

Was ich auf der Adrema versteckt habe

von Dr. Georg Krüger, Arzt für allgem. Medizin, Gießen

Der Tip: Auf einfache Weise läßt sich auch bei den heute üblichen „Adremarezeptköpfen" ein Hinweis anbringen, welche Kassenart im Rezeptkopf angekreuzt werden muß. Ich lasse seit Jahren die passende „Codierzahl" in der obersten Zeile, die für die Krankenkassenbezeichnung vorgesehen ist, eintragen. Dort stört sie niemanden. Meine Helferinnen und ich sehen aber sofort, welches Feld anzukreuzen ist. (So bedeutet z. B. 1 = AOK, 2 = LKK usw.) Selbst wenn der Abdruck sich etwas verschoben hat (wie bewußt auf meinem Muster), kann das Kreuz richtig angebracht werden.

Patientendaten auf dem Röntgenbild: So geht's schneller

von Dr. Andreas Wagner, Arzt für Lungen- und Bronchial-heilkunde, Fellbach

Das Problem: Beim Röntgen muß für jeden Patienten jedes-mal wieder ein neuer Scribor mit Name, Datum usw. geschrieben werden.

Der Tip: Scribor mit Name und Geburtsdatum wird für je-den Patienten nur einmal geschrieben und mit Büroklam-mer jeweils an die letzte Röntgenaufnahme geheftet. Das aktuelle Datum wird morgens auf einen schmalen Scribor-streifen geschrieben. Dieser bleibt den ganzen Tag in der Dunkelkammer. Er wird zur Belichtung auf den Scribor des Patienten gelegt, z.B. hinter das Geburtsdatum, und mit diesem zusammen auf den Film belichtet.

Die Folge: Für jeden Patienten wird nur einmal ein Scribor benötigt. Auf dem Film ist das Datum der Aufnahme durch das doppelte Scriborpapier in diesem Bereich etwas heller und dadurch vom Geburtsdatum gut zu unterscheiden. Ins-gesamt erhebliche Zeitersparnis.

Medikamente verordnen:
Ich behalte den Überblick

von Dr. Klaus Glaßner, Arzt, Recke

Das Problem: Manche Patienten müssen über längere Zeit mit vielen Medikamenten behandelt werden. Man verliert leicht die Übersicht, welche Medikamente der Patient in welcher Dosis z. Z. überhaupt einnimmt und wann welche Medikamente aus welchen Gründen abgesetzt worden sind.

Der Tip: Ich notiere bei solchen Patienten die Medikation auf einem Extrablatt.

Das Ergebnis: Mit einem Blick läßt sich die Verordnung von Monaten überblicken. Bei Absetzen eines Medikamentes kann man in das entsprechende Kästchen des Rasters auch kurz den Grund (z. B. Nebenwirkungen) eintragen.

Therapieanweisungen:
Die drucken wir auf der Adrema

von Dr. Wolfram Sinner, Facharzt für Innere Medizin,
Düsseldorf-Benrath

Der Tip: Auf der ohnehin vorhandenen Adrema drucken
wir uns zur Ausgabe an Patienten Therapieanweisungen
und Hinweise für Kontrollen bei chronischen Erkrankungen.
Sie haben sich seit über 10 Jahren sehr bewährt. Inzwischen haben wir knapp dreißig Vordrucke.

24 Stunden Sammel-Urin
Bevor Sie um 8.oo Uhr zu sammeln beginnen,
entleeren Sie die Blase. Von jetzt ab
sammeln Sie jede Harnentleerung in die
Flasche, auch den letzten Nachturin vom
nächsten Morgen um 8.oo Uhr. Bringen Sie
bitte die gesamte Menge in die Praxis.

Obwohl Sie - leider - alle 14 Tage zur
Quick-Kontrolle kommen müssen, sollten
Sie sich trotzdem wegen der Grunderkran-
kung regelmäßig, etwa alle 3-4 Monate,
und natürlich immer, wenn Sie Beschwerden haben, vorstellen.

Ein pfiffiger Abrechnungstip:
So verschenken Sie kein Honorar

von Dr. Klaus Glaßner, Landarzt, Recke

Das Problem: Dem Arzt entgeht viel Honorar, weil erbrachte Leistungen oft nicht aufgeschrieben werden.

Der Tip: In unserer Praxis besteht das Prinzip, daß jeder die Ziffer für die Leistung einträgt, die er erbracht hat. Zum Beispiel tragen Helferinnen sofort nach erfolgter Leistung die Ziffern ein für EKG, Bestrahlungen, Verbände usw. und der Arzt die Ziffern für Beratung, Untersuchungen usw. Jede vergessene Eintragung, die an den Tag kommt, wird mit einem Bußgeld belegt. Eine vergessene Ziffer kostet für die Helferin 1,– DM und eine vom Arzt vergessene Eintragung 3,– DM (nicht zu geringe Beträge, wenn man berücksichtigt, daß jede vergessene Ziffer im Durchschnitt etwa 10,– DM kostet). Die Bußgelder wandern in eine Gemeinschaftskasse und können einen Betriebsausflug „verschönen". Zu jeder eingetragenen Ziffer wird auch sofort die zugehörige Diagnose (gilt auch für Röntgenbefunde, Laborbefunde usw.) nachgetragen, so daß am Quartalsende relativ wenig Arbeit bei der Abrechnung anfällt.
● Die Helferin ist ferner verpflichtet, in jede Karteikarte, die dem Karteischrank entnommen wird, sofort das Datum der Entnahme einzutragen, sowohl in die Karteikarte als auch auf den Abrechnungsschein. Falls hinter einem Datum keine Ziffer eingetragen wurde, fällt dieses sofort durch die freigelassene Spalte auf.

Die Folge: Erbrachte Leistungen werden tatsächlich honoriert. Abrechnung wird erleichtert.

✉ Dazu gab es Kritik:

Abrechnung:
So geht's noch besser

Das von Herrn Glaßner beschriebene System wenden wir schon seit Jahren an. Wenn zusätzlich alle am Vormittag gezogenen Karten nach Eintragung von Datum und Leistungsziffer nicht wieder in den Karteischrank, sondern auf einen Extrastapel wandern und mittags von einer verantwortlichen Kraft kurz bezüglich Diagnose, Datum und Leistungsziffer durchgesehen und notfalls korrigiert werden und erst dann in das laufende Quartal zurücksortiert werden (abends das gleiche Verfahren), so hat man noch einen Nebeneffekt: Am Ende des Quartals brauchen Sie nur noch ohne jede weitere Kontrolle den Krankenschein aus den Karten herauszunehmen und zu sortieren.

Folge: Zeitersparnis für die Abrechung ca. 25 % (wir haben es nachgemessen). Unterbleibt diese Halbtagskontrolle, so weiß Herr Kollege Glaßner gar nicht, wer was, wo und wann vergessen hat.

Dr. Detlev B. Will, Arzt für Allgemeinmedizin, Wuppertal

Abrechnung:
So wird nichts vergessen

von Dr. Gert Fröhlich, Facharzt für Urologie, Mechernich/Eifel

Das Problem: Dem Arzt entgeht Honorar, weil erbrachte Leistungen oft nicht aufgeschrieben werden.

Der Tip: In meiner Praxis lasse ich mir jeden Abend den Kartenstapel des Tages vorlegen. In etwa 10 Minuten gehe ich die Karten schnell durch. Ich habe mir dies zum Prinzip gemacht, auch wenn ich noch so müde oder in Zeitnot bin. Man hat die Patienten des Tages noch frisch im Gedächtnis und es fällt einem sofort auf, welche Ziffern fehlen oder ob die Diagnose unvollständig oder nicht eingetragen ist. Ich habe längere Zeit die Beträge, die dabei herauskamen, aufgeschrieben, es waren nie unter 40,– DM pro Tag. Neben dem pekuniären hat dieses System noch einen medizinischen Vorteil. In Ruhe kommen einem häufig noch Ideen zur Diagnose und Therapie vor allem bei Problempatienten.

Leistungen eintragen:
Bei uns wird nichts vergessen

von Narendra Mandon, Frauenarzt, Salzgitter

Das Problem: Fast in jeder Praxis kommt es vor, daß die Leistungen einfach nicht in die Karteikarte eingetragen werden. Man erfährt es erst dann, wenn die Patientin selbst darauf aufmerksam macht.

Der Tip: Nun habe ich einen Datumstempel angeschafft und mit meinen Mitarbeiterinnen ausgemacht, daß, wenn sie mir eine Karteikarte für eine Spritze oder auch eine telefonische Beratung vorlegen, die Karte den Datumstempel trägt.

Die Folge: Seitdem kommt es äußerst selten vor, daß die Leistungen vergessen werden.

Praxisdokumentation ohne viel Schreibarbeit

von Dr. Heinrich Rossmann, München

Das Problem: Wissen Sie bei einer Prüfung durch die KV genau Bescheid, was Sie auf jedem Krankenschein abgerechnet haben? So wird die Abrechnungsdokumentation besser:

Der Tip: Mit einem klammerlosen Hefter wird auf die Rückseite jedes Krankenscheines ein gleich großes, selbstdurchschreibendes Papier geheftet (DIN A5). Dadurch erhält man alle Leistungsdaten und Diagnosen eines Quartals als Durchschrift, die bei der Quartalsabrechnung abgetrennt wird und in der Karteimappe verbleibt. Wenn man darauf achtet, daß die Verbindung mit der Karteimappe nicht verlorengeht, so kann man sogar verzichten, den Patientennamen aufzutragen. Normalerweise bleibt die rechte Seite des Blattes frei. Nehmen Sie während des Quartals Krankenschein und Durchschlag heraus, wenn Sie ein Rezept schreiben, legen Sie das Rezeptformular ab Rp. in die rechte obere Ecke und schreiben Sie die Verordnung, so haben Sie auch das dokumentiert. Das nächste Rezept wird daruntergeschrieben.

Die Folge: Wenn Sie jedes Jahr die Farbe des Papiers wechseln, so können sie nach 2 oder 3 Jahren die alten Aufzeichnungen vernichten. Die Akut-Dokumentation geht damit problemlos und mit geringem Aufwand an Schreibarbeit. Ich verfahre seit 8 Jahren so.

Honorar verschenkt?
Ich gehe nicht nach Hause, bevor ...

von Dr. Uwe Amian, Orthopäde, Büren

Der Tip: Alle am Tag angefertigten Röntgenaufnahmen lasse ich mir am Abend mit den dazugehörigen Karteikarten vorlegen.

Die Vorteile: Ich schaue noch einmal auf die Bilder, um einen etwaigen Befund nicht zu übersehen. Ich überprüfe die Übertragung der Röntgenziffer auf den Krankenscheinen (wenn das vergessen wird, ist es unangenehmer als eine vergessene Spritze oder Beratung). Ich überprüfe dabei auch, ob sich etwa durch die Röntgenaufnahme die Diagnose geändert hat, und kann das entsprechend korrigieren. Der Röntgenbefund in der Karte wird durch einen Markierungsstift hervorgehoben, dann sehe ich hinterher sofort den Röntgenbefund und habe die Kontrolle, wenn ich das Bild ein zweites Mal gesehen und überprüft habe. Die Mehrarbeit lohnt sich meines Erachtens immer.

Abrechnung:
Meine Helferin bekommt 10 Pf pro Schein

von Dr. Gundula Köppen, Ärztin für Allgemeinmedizin, Hamburg

Das Problem: Die Abrechnung am Quartalsende geht bei uns recht zügig, weil alle Beteiligten bemüht sind, das ganze Quartal hindurch die Eintragungen sorgfältig auf dem laufenden zu halten. Trotzdem bringt sie natürlich einige Stunden zusätzlicher Arbeit.

Der Tip: Diese versüße ich durch ein kleines Extrahonorar – präzis „10 Pfennig pro Schein". Das bringt dann den Helferinnen zusätzlich eine neue Bluse oder dergleichen, motiviert zu prompter Erledigung und erfreut das Herz.

Quartalsabrechnung:
Wir brauchen nur 1/2 Tag

von Barbara Vogel, beschäftigt bei Dr. Gabriele Siebert,
Ärztin für Allgemeinmedizin (Naturheilverfahren), München

Das Problem: Die Quartalsabrechnung.

Der Tip: Wir sind in ca. 1/2 Tag mit der Quartalsabrechnung fertig. Wie? Wir notieren laufend die Diagnosen und
alle Leistungen auf dem Krankenschein und erweitern sie
nach jeder Konsultation. Die Karteikarten, bei denen diese
Angaben noch nicht vollständig auf den Krankenschein
übertragen wurden, werden mit einem blauen Reiter versehen und können dann geschrieben werden, wenn wir
mehr Zeit haben. Bei fehlendem Krankenschein kennzeichnen wir die Karteikarte mit roten Reitern.

Die Folge: Sehr viel Zeitersparnis bei der Quartalsabrechnung, und wir haben jederzeit einen genauen Überblick
über fehlende Diagnosen und Krankenscheine.

Grundleistungen	Basis	2,3	3,5
1 Beratung auch Tel. bei Tag	7,20	16,56	25,20
1 a Wdh. Rp.	3,60	8,28	
2 Beratung außerhalb d. Sprechstunde	8,60	19,78	30,10
3 " b. Nacht zw. 20.00 - 8.00 Uhr	14,20	32,66	49,70
4 " Sonn- u. Feiertagen	11,40	26,22	39,90
4 a " Samstag ab 12.00 Uhr	11,40	26,22	39,90
5 Besuch	25,00	57,50	87,50
Wegegeld - 2 Km	10,00		
" 2- 25 Km pro Km	2,50		
6 cito	33,00	75,90	115,50
6 a aus d. Sprechstunde	45,00	103,50	157,50
7 Besuch 20,00 - 22,00 oder 6,00 - 8,00	45,00	103,50	157,50
7 a " 22,00 - 6,00	62,00	142,60	217,00
Wegegeld - 2Km zw. 20,00 - 8,00 Uhr	20,00		
" 2 - 25 Km pro Km	5,00		
8 Besuch Sonn- u. Feiertagen u. Samstag ab 12.00 Uhr	37,00	85,10	129,50
14 AU - kurze Bescheinigung	,1	7,11	10,85
15 Brief ärztl. Inhalts	5,00	11,50	17,50
	10,60	24,38	37,10

GOÄ-Ziffern
Ich habe eine eigene Liste

von Dr. Dieter Rukser, Arzt, Hamburg

Das Problem: Übersichtliche Aufstellung der GOÄ-Ziffern, die an den Bedürfnissen der eigenen Praxis orientiert ist, um sich vieles Nachschlagen in dicken Gebührenordnungen oder Karteien zu ersparen.

Der Tip: Eine eigene Liste der Gebührenordnung mit den einzelnen Positionen schreibt man am besten mit der

Schreibmaschine mit entsprechendem Abstand auf einen
DIN-A4-Bogen nach Arbeitsgruppen je nach der Praxis auf-
geteilt. Links die Ziffer der GOÄ, als nächstes kurze Be-
schreibung, als nächstes Basispreis, dann den eigenen
Multiplikator und den Maximalmultiplikator; in weitere
senkrechte Spalten kann man die endgültigen Preise für
Bundespostbeamte und KVB (Krankenversicherung der
Bundesbahnbeamten) setzen. Die einzelnen Rubriken kann
man mit einem Leuchtstift entsprechend markieren. (Vorteil
gegenüber Anordnung in Telefonverzeichnissen: Man hat
wesentlich größere Unterbringungsmöglichkeit und kann
auf einem DIN-A4-Bogen einen erheblich besseren Überblick gewinnen.) Das alles zusammen in einer Prospekt-
plastiktüte oder Umhüllung geht noch am besten.

Anmerkung der Redaktion:
Der Berufsverband Deutscher Internisten hat eine ähnliche
Gebührentabelle zusammengestellt, allerdings nur für sei-
ne Mitglieder.

Leistbr.Repos.	3282	222,0	399	Mammapunktion →	312	105,0	
Lokalanaesth.k	490	60,5	146	Massage man.	520	36,0	760
Lumbalpunktion gr	491	121,5	148	-- m.Gerät	520	45,0	765
→ Lumbalpunktion	3o1	371,5	53	Mastd.Ausräung.	412	113,5	
Luxat.Einrenkg. (frisch)				- FrdKentf.	3238	115,0	
-- Unterkiefer	22oo	117,0		- VorfallRep.	323o	120,0	
-- Schulter	2217	370,0		Mikrowelle 1 KT	548	39,0	777
-- Schlüsselb.	2221	110,5		- > 1 KT	549	55,0	777^x
-- Ellenb.Knie	2214	390,0		MOROProbe	383	31,0	66^
→ -- Hand,Fuß	2211	217,5				--	
-- Daumen	22o7	117,0					
- Finger,Zehe	22o5	32,5					
Langzeit-Ekg							
mind. 6 h	658	850,0					
- 1o h	659	1050,0					
LAP	3736	125	836	Magnesium	3684	100	834
LDH	3737	120	836	Mononukleoset.	4321	80	
Leukozytenz.	4143	65	812				
Lues-Suchtest	4345	60					
-Titer	4378	100					
Lupus erythem.	43o4	90					
Lipase im S.	3743	120					
Leuko + Ery+Hkt	42oo	50					

L   M

Telefonregister hilft bei der Abrechnung

von Dr. Hans Herrmann, prakt. Arzt, Berlin

Das Problem: Abrechnung erfolgt sinnvollerweise sofort nach Erbringung der Leistung von Arzt und/oder Mitarbeiter(in). Wer aber hat ständig alle Positionen im Kopf? Gebührenordnungen wälzen ist zu zeitraubend, fremdgedruckte oder selbst angelegte Listen werden unansehnlich, verschwinden im Gewühl, veralten.

Der Tip: Mir hat sich seit 20 Jahren die Verwendung von Karten bewährt, wie sie für die Drucktasten-Telefonregister verwendet werden (ARLAC oder ähnliches). Darauf lasse ich alle praxisrelevanten Positionen, evtl. auch verschiedener Gebührenordnungen, schreiben, samt Honoraren, getrennt nach Labor- und anderen Leistungen. Bei mir befindet sich an jedem Arbeitsplatz solch ein Register.

Der Vorteil: Kompakt, komplett und komplettierbar, übersichtlich, kann nicht verschwinden, licht-, staub- und handschweißgeschützt.

Fehlender Krankenschein:
Eine Lasche als Signal

von Dr. Manfred Wagner, Arzt für Allgemeinmedizin,
Großrosseln

Das Problem: Markierung auf der Karteikarte, daß der
Krankenschein fehlt.

Der Tip: Die Markierung mit großen Büroklammern (MT
Nr. 51/82, S. 39) hat den Nachteil, daß sich die Klammern
beim Ein- und Aussortieren der Karteikarten lösen. Wesentlich einfacher erscheint mir die Markierung der Karteikarten mit verschiedenfarbigen Plastikkarten in DIN-A5-Größe,
die eine etwa 1 cm herausragende Lasche am oberen
Rand haben.

Die Folge: So ist jederzeit eine Karteikarte mit fehlendem
Krankenschein sofort auffindbar. Dieses System hat weiterhin die Vorteile, daß man mit verschiedenen Farbsymbolen
arbeiten kann. Z.B. bedeutet Rot: fehlender Krankenschein;
Blau: Adressette, Namen bzw. Anschrift ändern (ich benutze Plastikkarten zum Beschriften der Rezeptköpfe bzw. der
Arbeitsunfähigkeiten, Überweisungsscheine etc.); Gelb: Pri-
vatrechnung soll geschrieben werden. Die Farbsymbolik
läßt sich beliebig weiter fortführen und ist auf die individuellen Praxisbedürfnisse abstimmbar.

Fehlender Krankenschein:
Mir entgeht keiner

von Dr. Ilse Sorge, Ärztin für Allgemeinmedizin,
Braunschweig

Das Problem: Fehlende Krankenscheine.

Der Tip: Eine bewährte Methode, seit Jahrzehnten von mir
praktiziert, Kontrolle über die in einem Quartal erhaltenen
und noch ausstehenden Krankenscheine zu haben: Ich führe in einem Extraheft namentliche Listen, in die jeder im
neuen Quartal kommende Patient eingetragen wird. Bringt
er den Schein mit, wird sein Name durchgestrichen.

Die Folge: Die noch nicht durchgestrichenen Namen zeigen
jederzeit die noch ausstehenden Scheine an.

Krankenschein fehlt:
Meine Patienten bekommen
die rote Karte ...

von Dr. Manfred Wagner, Arzt für Allgemeinmedizin,
Großrosseln

Das Problem: Fehlender Krankenschein.

Der Tip: Um die erheblichen Mahngebühren gegen Ende
des Quartals zu reduzieren, habe ich mir folgendes einfallen lassen: Jeder Patient bekommt bei der nächsten Rezeptbestellung oder Konsultation eine auffällig rote, vorgedruckte schriftliche Mahnung mit, die ihn an seinen fehlenden Krankenschein erinnert. Erfahrungsgemäß ist diese portofreie Mahnung sehr wirksam.

... bei uns tut's ein roter Stempel

von Dr. J. Küttel-Börlin, Kinderarzt, FMH, CH-Ebikon

Das Problem: Fehlender Krankenschein.

Der Tip: Wir ließen einen Stempel „Bitte Krankenschein
mitbringen" anfertigen und stempeln damit rot auf ein
leeres Feld in der Bestellkarte für den nächsten Termin.

Die Folge: Wir müssen weniger Krankenscheine anfordern,
weil die Patienten daran erinnert werden.

und wo bleibt Ihr Tip?

Postkarten
finden Sie am Ende des Buches

Diagnostische Tricks

EKG verzittert:
Hände unter den Po

von Dr. Hans-Jürgen Heinrich, praktischer Arzt, Essen

Der Tip: EKG-Schreibungen werden nicht verzittert, wenn man nervöse, frierende oder Tremor-Patienten bittet, ihre Hände ganz unter den Po zu schieben.

Blutdruckmessen bei Ergometrie:
So verhindere ich Muskelzittern

von Dr. Klaus Reichel, Internist, Hersbruck

Das Problem: Die Blutdruckmessung bei der Ergometrie ist oft erheblich erschwert durch Überlagerung mit Muskelverzitterung.

Der Tip: Dies läßt sich weitgehend ausgleichen, wenn bei der Blutdruckmessung der Patient aufgefordert wird, den entsprechenden Arm lose herabhängen zu lassen, oder noch besser, wenn man diesen Arm während der Messung lose stützt.

Die Folge: In den allermeisten Fällen ist dann der Blutdruck einwandfrei und ohne störende Überlagerung durch Muskelverzitterung mit automatischem Blutdruckmeßgerät festzustellen.

Blutdruck messen:
Wenn der Ärmel stört

von Dr. Claus-Dieter Zink, prakt. Arzt, Schwieberdingen

Das Problem: Umständliches Hochkrempeln von Kleidungs-
stücken vor der Blutdruckmessung verursacht einen Klei-
dungswulst mit der Möglichkeit einer kleidungsbedingten,
zusätzlichen Kompression des Oberarms.

Der Tip: Dünnes Hemd oder Bluse nur locker hochziehen,
Manschette über Hemd oder Bluse legen, Stethoskop unter
die noch leicht vorstehende Kleidung an üblicher Stelle
plazieren. Bei zum Beispiel dicken Pullovern findet diese
Methode natürlich ihre Grenzen.

Wir verleihen Blutdruck-Meßgeräte

von Dr. Wolfram Sinner, Facharzt für Innere Medizin,
Düsseldorf-Benrath

Der Tip: Wir haben eine Anzahl von 6 eigenen Blutdruck-
geräten und 2 Ultraschall-Inhalationsgeräten neuesten
Typs, die wir an Patienten ausleihen. Wir unterrichten die
Patienten, wenn Verdacht auf Hochdruck besteht, wie sie
den Blutdruck selber messen können, und schicken sie mit
dem Gerät 14 Tage nach Hause. Danach ist meist entschie-
den, ob ein Hochdruck besteht. Den Empfang eines ausge-
liehenen Gerätes quittieren mir die Patienten in ein kleines
Büchlein. Die Inhalationsgeräte sollen dazu dienen, vor
der teuren Anschaffung dieser Geräte zu prüfen, ob ein
Erfolg gewährleistet ist.

Im Wartezimmer:
Wenn die Patienten Fieber vorschützen

von Dr. Raimund Wilms, Hals-Nasen-Ohren-Arzt, Leichlingen

Das Problem: In Erkältungszeiten werden die Wartezimmer wieder voller. Nicht wenige Patienten erzählen dann, um schneller dranzukommen, sie hätten Fieber.

Der Tip: Meine Helferinnen greifen dann zum Fieberthermometer. Schon der Griff danach hat vielleicht eine ordnende Wirkung.

Die Folge: Mancher Patient sagte dann, es sei jetzt nicht mehr so schlimm, er könne ruhig etwas warten.

Fieber vorgetäuscht?
Urintemperatur messen

von Dr. Bernhard Schwarze, Quakenbrück

Das Problem: Es stellt sich immer wieder einmal die Frage, ob durch Manipulationen am Thermometer Fieber vorgetäuscht wird.

Der Tip: Der Arzt oder bei Kindern die Eltern können derartige Täuschungsmanöver durch Messung der Urintemperatur erfassen.

Groschen verschluckt:
Leicht zu orten

von Dr. Hartmut Ziehm, Esens

Das Problem: Ein Patient ist mit dem Fuß in einen Nagel getreten. Befindet sich der Nagel noch drinnen? Ein Kind hat einen Groschen verschluckt. Befindet sich der Groschen noch im Abdominalbereich? Ein Fremdkörper ist in das Auge eingedrungen. Oder man möchte die Lage eines Schrittmachers oder von osteosynthetischem Material orten.

Der Tip: Hierfür hat sich mir bestens ein normales Metallsuchgerät bewährt, wie es zum Aufspüren von elektrischen Leitungen in allen Haushaltsgeschäften angeboten wird.

✉ Dazu gab es Kritik:

Metallsuchgerät funktioniert nicht immer

Auch ich habe den Trick mit einem „Metalloskop" bei verschluckten metallischen Fremdkörpern in der Kinderarztpraxis wiederholt angewandt, habe z.B. mit Erfolg ein 35 g schweres Senkblei lokalisiert, muß aber von Mißerfolgen berichten, da die Leistungsfähigkeit dieser üblichen Geräte recht eingeschränkt ist. Die Metallteile müssen eine relativ große Fläche haben (wenn der Groschen mit seiner Schmalseite zur Bauchwand liegt, geht es nicht!) oder sehr lang sein, jedenfalls nicht zu weit vom Suchgerät liegen (möglichst nicht entfernter als 5 cm).

Dr. Rüdiger Lorentzen, Kinderarzt, Hannover

Nierenlager:
So schalte ich Irrtümer aus

von Dr. Michael Fieber, prakt. Arzt, Naturheilverfahren-Sportmedizin, Wetzlar

Das Problem: Jeder Patient zuckt bei Handkanten- und Faustschlag im Bereich des Nierenlagers zusammen.

Der Tip: Man beginnt im Bereich der Schulterblätter mit der Faust den Rücken zu beklopfen, geht dabei hinunter bis zum Steißbein. Man kann dabei gut beurteilen, ob das Nierenlager empfindlicher ist als die anderen Rückenpartien.

Die Folge: Jetzt zuckt der Patient nicht mehr unwillkürlich zusammen.

Bauchsonographie:
So bereiten wir vor

von Kerstin Windorpski, Arzthelferin, Praxis Dr. Wolfgang Kluge, Internist, Bad Sassendorf

Das Problem: 4 abgepackte Lefax®-Tabl., die dem Patienten gegen Luftüberlagerung bei Ultraschalluntersuchungen des Oberbauches mitgegeben werden müssen. (Eine Originalpackung enthält 20 Tabletten.)

Der Tip: Man nehme ein Folienschweißgerät (fast in allen Haushaltsküchen vorhanden) und verpacke immer 4 Tabletten.

Die Folge: Hygienisch abgepackte Pillen.

Unklare Bauchbeschwerden: Trousseau-Test!

von Prof. Dr. W. Grabner, Chefarzt der 1. Med. Klinik des Elisabeth-Krankenhauses, Straubing

Das Problem: Mehr als 50 % der Patienten mit abdominellen Beschwerden sind ohne jedes morphologische Korrelat. Nicht wenige von diesen geplagten Kranken leiden unter einem chronisch-latenten Tetanie-Syndrom funktioneller Genese.

Der Tip: In all diesen Fällen stets den Trousseau-Test und den lege artis vorgenommenen Hyperventilationsversuch durchführen!

Die Folge: Auf diese Weise gelingt es, die bei vielen Patienten negativen Resultate einer subtilen gastroenterologischen Diagnostik mit dem Vorliegen eines chronisch-latenten Tetanie-Syndroms zu erklären. Dies soll und darf jedoch nicht bedeuten, im Einzelfall auf eine komplette, gegebenenfalls auch aggressive gastroenterologische Diagnostik zu verzichten!

Bauch palpieren:
Gleichzeitig Zunge zeigen lassen

von Dr. W. D., Internist

Das Problem: Die Palpation der Bauchorgane ist erschwert durch Verspannung der Muskulatur bei ängstlichen Patienten.

Der Tip: Ich lasse mir die Zunge zeigen.

Die Folge: Der Patient entspannt. Gleichzeitig verschaffe ich mir einen Eindruck vom „Spiegel des Magens".

Speiseröhren-Endoskopie:
Erst mal Hustensaft schlucken lassen

von Dr. Kurt-Peter Gebhardt, Internist, Gastroenterologe, Zentralkrankenhaus St.-Jürgen-Straße, Bremen

Das Problem: Bei Achalasie oder Ösophagus-Stenose ist der Ösophagus stark schleimbelegt und deshalb endoskopisch nicht beurteilbar.

Der Tip: 3 x 15 ml Carbocistein (entspr. 3 x 1 Eßl. Transbronchin-Sirup®) wird für 1–2 Tage gegeben.

Die Folge: Der Schleim im Ösophagus wird vollkommen aufgelöst. Die Schleimhaut ist in allen Anteilen endoskopisch beurteilbar.

Damit das Gastroskop schön rutscht

von Dr. H. Kopp, Chefarzt, Innere Abteilung des
Kreiskrankenhauses Erbach im Odenwald

Das Problem: Erleichterung der Einführung des Endoskops.
Auch die Einführung von Fiberglasendoskopen ist gelegentlich von versierten Untersuchern nicht immer leicht, wenn
ein ängstlicher Patient das Instrument nicht spontan
schluckt oder einführen läßt.

Der Tip: In diesen Fällen hat sich mir ein Kniff bewährt:
der Patient sitzt auf dem Untersuchungstisch, da er sich in
dieser Lage viel freier fühlt als im Liegen. Die Instrumen-
tenspitze wird bis zur lokalanästhesierten Rachenhinter-
wand eingeführt. Dann werden dem Patienten mittels einer
Spritze 1 bis 2 ccm Leitungswasser durch die geschlossenen Lippen in den Mund gespritzt und er schluckt gemein-
sam mit dem Wasser das vom Endoskopiker geführte
Instrument in die Speiseröhre.

Die Folge: Diese Methode hat sich nicht nur bei Patienten
bewährt, die völlig schlaff und hingegeben auf die aktive
Einführung des Instruments warten, das sich dann gelegentlich im Pharynx verfängt oder sogar in die Luftröhre
gelangt, sondern besonders auch bei den Patienten, die
aus einer Abwehrreaktion heraus die Zunge gegen den
weichen Gaumen pressen, statt zu schlucken und damit
das Instrument quasi einklemmen.

✉ Dazu gab es Kritik:

Endoskop einführen:
Ich warne vor diesem Tip

Ich möchte vor dem Verfahren des Herrn Kollegen Kopp zum besten Einführen des Gastroskops aus folgenden Gründen warnen: Die Rachenanästhesie vor der Gastroskopie bringt eher Nach- als Vorteile, da es insbesondere bei älteren Patienten leichter zu Aspirationen kommen kann. Sie ist überdies auch gar nicht nötig, wenn der Untersucher genug geübt ist. Aus den oben angeführten Gründen halte ich es für obsolet, den Patienten vor dem Schlucken des Gerätes Flüssigkeit in den Rachenraum zu spritzen, insbesondere dann, wenn er sediert ist.

Dr. Klaus Hartleib, Internist, Würzburg

Gastroskop vor Bissen geschützt

von Dr. Richard Gronemeyer, Internist, Fritzlar

Das Problem: Schutz des Gastroskops gegen Bißverletzungen.

Der Tip: Über das Gastroskop (ich benutze das Gerät von Olympus P 3) stülpe ich vor dem Einführen ein Stück Gartenschlauch (Länge 8 cm, Außendurchmesser 17 mm, Innendurchmesser 14 mm). Damit die Oberfläche des Einführungsteils nicht beschädigt wird, wird der Schlauch mit etwas Gleit-Gel eingeschmiert.

Der Effekt: Das Gastroskop ist gegen Bisse (bei Verrutschen des Beißringes sowie aus dem Backenzahnbereich) weitgehend geschützt. Was ein Biß kostet, weiß jeder niedergelassene Gastroskopiker.

Mit Cola Kosten senken

von Dr. Hans-Dieter Nagel, Facharzt für Röntgenologie, Weiden/Opf.

Das Problem: Zur Doppelkontrastuntersuchung des Magens muß ein Brausepulver verabreicht werden. Dieses Brausepulver wird über die Apotheken bezogen. Ein Tütchen Gastrovison kostet 2,70 DM. Das Pulver schmeckt abscheulich, für die Patienten keine Freude, nachdem sie schon den Bariumbrei trinken mußten.

Der Tip: Ich gebe den Patienten etwa 3–4 Schluck Coca-Cola. Das Cola enthält viel Kohlensäure, schmeckt aber wesentlich besser, und die Patienten sind froh, den faden Breigeschmack loszuwerden. Ich benütze die kleinste Cola-Flasche, damit die Kohlensäure nicht verfliegt. Man muß einen guten Flaschenverschluß haben, damit die Kohlensäure nicht entweicht. Die kleine Flasche Cola kostet 50 Pfennig. Sie reicht für etwa 4–5 Patienten. Eine eklatante Kostensenkung!

Mit dem Stethoskop palpieren

von Dr. M. Bärschneider, Internist, Bad Neuenahr

Das Problem: Bei straffen Bauchdecken, Adipositas, Meteorismus, Gravidität usw. sind Milz und Leber nicht sicher zu palpieren oder zu perkutieren. Hier, aber auch bei Fahndung nach Aszites oder Pleuraerguß hilft die Auskultation weiter.

Der Tip: Bei im Epigastrium aufgedrücktem Stethoskop kratzt man mit dem Finger zart von kranial nach kaudal, wobei der Ton an der Grenze von Milz oder Leber von gedämpft auf tympanitisch umschlägt. In rückwärtiger Richtung kann man das Ergebnis kontrollieren. Entsprechend kann man auch Aszites, Milzgröße, gefüllte Harnblase, Pleuraerguß u. a. feststellen!

Nabeluntersuchungen: Ohrspekulum hilft

von Wilfried J. M. Bahlmann, Arzt für Allgemeinmedizin, Trier

Das Problem: Bei Verletzungen des Nabelgrundes bzw. bei Sekretabsonderungen durch Infektionen aus dem Nabel ist es oft schwierig, den Nabelgrund einzusehen.

Der Tip: Dabei hilft sehr bequem ein Ohrspekulum, vor allem, wenn es spreizbar ist.

Der Vorteil: Ohne schmerzhafte Manipulationen läßt sich der Nabelgrund an jeder beliebigen Stelle darstellen und falls erforderlich sogar durch das Spekulum behandeln.

Hirndurchblutung mit Schnelltest erfaßt

von Dr. Gerhard Säker, Facharzt (Nerven), Hamburg

Das Problem: Ob Schwindel, Ohnmacht oder Kollaps orthostatisch bedingt sind, verrät uns das klinische Gesamtbild. Bestätigen und objektivieren sollen wir es durch den Schellong-Test (oder seine Variationen). Er liefert uns eine anschauliche Kurve der Herz-/Kreislauf-Reaktionen in der Orthostase, sagt jedoch über das Orthostasesyndrom der Hirnfunktionsstörungen wenig aus. Sein Nachteil: Mit einem Zeitaufwand von 30 Min. ist er nicht praxisfreundlich.

Der Tip: Es gibt eine praxisnähere Kurzprüfung: Die Druckmanschette wird am Unterarm angelegt und der systolische Druck digital am Erscheinen des Radialispulses ermittelt. Die Unterarmmuskulatur ist schmächtiger und deswegen der Druck um 5 mm Hg niedriger, stets in Herzhöhe gemessen. Nachteil der Methode: Verzicht auf den diastolischen Druckwert. Vorteile: Puls und Blutdruck können laufend, auch in den ersten Minuten nach dem Aufstehen, verfolgt werden. Man kann bei erhobenem Arm, die Druckmanschette in Hirnhöhe, messen. Dabei sinkt der systolische Druck um die Höhe der Wassersäule vom Herz zum Hirn = 30 bis 50 cm. Beim Normotoniker vermindert sich

der systolische Druck um etwa 20 mm Hg, beim Hypertoni-
ker weniger, beim Hypotoniker mit untrainierten Kreislauf-
regulationen um mehr als 20 mm Hg. Um 70 mm Hg werden psychovegetative Beschwerden beklagt (Kopfdruck,
Schwindel, Müdigkeit). Unterhalb von 70 mm Hg in Hirnhöhe reichen dem Hirn die physiologischen Funktionsreser-
ven nicht mehr aus; es wird die Störungsschwelle zur un-
vollständigen Kompensation mit zunehmenden Hirnfunktionsstörungen unterschritten, um unterhalb von 60 mm Hg
in den Bereich der Funktionsausfälle bis zur Ohnmacht zu
kommen. Bei rasantem Eintauchen unter diese kritische
Schwelle kommt es zum Kollaps für Sekunden, bei schlech-
tem Gegenregulationsvermögen der Kreislaufzentren für
länger und dann u. U. mit Einnässen und subkortikalem
zerebralem „Anfall". Der reale Blutdruck im Hirn und am
erhobenen Unterarm ist sicher nicht gleich, dieser Meßwert
aber „wirklichkeitsnäher" als der Schellong-Wert (in Herzhöhe).

Die Folge: Mit dieser „Kurzprüfung" können wir in der Praxis schnell abwägen, ob eine Orthostasegefahr besteht.
Natürlich bestimmt die druckabhängige Mangeldurchblu-
tung nicht alleine die hypoxischen Hirnfunktionsstörungen;
es sind auch hier weitere Risikofaktoren beteiligt (z. B.
Hypoglykämie, Anämie, CO-Hb, Hyperventilation, seelische
Auswirkungen auf die Kreislaufzentren).

Fußpuls:
Mit Taschenlampe sichtbar machen

von Dr. Gunter Reißig, Bad Oeynhausen

Das Problem: Bei der Prüfung des arteriellen Pulsstatus ist es häufig schwierig, die besonders mit zunehmendem Alter weicher werdenden Pulse der A. dors. ped. und A. tib. post. zu tasten und zu beurteilen.

Der Tip: Mit ein wenig Übung häufig gut zu sehen sind die Pulse aber mit folgender Technik: Der Lichtstrahl einer kleinen Taschen- oder Untersuchungslampe wird tangential seitlich zum Fußrücken und hinter den Innenknöchel gerichtet.

Die Folge: Auf diese Weise bilden auch fraglich tastbare Pulse noch deutliche lange Pulswellenschatten. Mir persönlich hilft diese Untersuchungsmethode regelmäßig weiter, insbesondere bei der zur Therapie wichtigen Frage arterieller Durchblutungsstörungen.

Ödematöser Fuß:
So gelingt die Venenpunktion

von Dr. Bethold Pollock, Röntgenabteilung des Marien-
Hospitals, Osnabrück

Das Problem: Punktion einer Fußrückenvene zur Phlebo-
graphie. Wegen erheblicher Schwellung im Rahmen einer
akuten Phlebothrombose gelingt die Punktion oft nicht.

Der Tip: Durch kräftigen Druck mit der flachen Hand das
Ödem am Fußrücken (bei liegender supramalleolärer Stauung) „wegdrücken".

Vorteil: Fußrückenvenen werden sichtbar und lassen sich
leichter punktieren.

Spirometrie:
So atmet der Patient richtig aus

von Dr. E. Kehler, innere Medizin, Lungen- und Bronchial-
heilkunde, Lüneburg

Das Problem: Nach dem forcierten Exspirationsmanöver
kann ein Kreislaufkollaps, manchmal nur ein Schwindelge-
fühl mit „Schwarzwerden vor den Augen", gelegentlich
auch ein spirometerinduzierter Asthmaanfall auftreten. Aus
Angst vor Wiederholung solcher Unannehmlichkeiten machen deshalb manche Patienten bei späteren Kontrollen
nicht mehr optimal mit.

Der Tip: Ich stelle mich hinter den stehenden Patienten
und halte ihn mit beiden Händen an seinen Oberarmen
fest. Diese drücke ich während des ganzen Exspirations-
manövers seitlich gegen den Thorax, um gleichsam die
Luft mit herauszupressen. Das gibt dem Probanden Halt
und Sicherheit und motiviert ihn, bis zum Schluß durchzu-
halten.

Die Folge: Angstfreie, zu optimaler Mitarbeit motivierte Patienten. Verwertbare und vergleichbare Ergebnisse, die ich
durch Ganzkörperplethysmographien bestätigt gefunden
habe.

Röntgenbilder:
Kartonröhre statt Blende

von Dr. H. J. Mutzner, Arzt für allgemeine Medizin FMH,
CH-Signau

Das Problem: Betrachten von Details auf Röntgenbildern.

Der Tip: Anstelle einer komplizierten Blende verwende
man eine Kartonröhre von ca. 5 cm Durchmesser, durch
welche man alle Details genauestens beobachten kann.

Perianale Rhagaden:
Diagnose durch Jodpinselung

von Dr. Georg Bejenke, Internist, Bad Reichenhall

Das Problem: Die Diagnose von Rhagaden ist in der prok-
tologischen Sprechstunde oft schwierig.

Der Tip: Ein sicherer Hinweis ergibt sich durch eine Jod-
pinselung, perianal. Bei brennenden Schmerzen können
Rhagaden besser lokalisiert werden. Bei negativer Jodpro-
be kann man Rhagaden ausschließen.

Prostata:
So untersuche ich mich selbst

von Dr. Otto Kuhnle, Facharzt für innere Krankheiten,
Schwäbisch Gmünd

Das Problem: Die Beteiligung der männlichen Bevölkerung
der Bundesrepublik an der Vorsorgeuntersuchung zur Erkennung des Prostata-Ca ist gering und wird mit 16 % angegeben. Nicht bekannt ist der Prozentsatz der Ärzte, die
sich untersuchen lassen.

Der Tip: Der Kollege kann seine Prostata selbst untersuchen. Man lege sich in Rückenlage in eine mit warmem
Wasser gefüllte Badewanne. Mit dem mit Salbe bestrichenen rechten Zeigefinger untersucht man durch den Anus
den rechten Prostatalappen, dann mit dem linken Zeigefinger den linken Prostatalappen. Durch Betätigung der
Bauchpresse kommt dem untersuchenden Finger der pro-
ximale Pol der Prostata entgegen. Außerdem kann dann
die Konsistenz der Prostata beurteilt werden.

Die Folge: Der Arzt weiß über seine Prostata Bescheid, ein
Anal-Ca oder ein mit dem Finger erreichbares Ca im Rek-
tum kann ausgeschlossen werden. Der Kollege kann mit
mehr Überzeugungskraft seinen Patienten und Bekannten
die Vorsorgeuntersuchung empfehlen.

Hodenuntersuchung:
So ist's weniger peinlich

von Dr. L. Lauer, Dr. I. Lauer, Ärzte für Allgemeinmedizin, Wietze

Das Problem: Bei der Krebsvorsorge der Männer wird eine Untersuchung des äußeren Genitales verlangt.

Der Tip: Als Übergang leite ich diese Untersuchung mit der Frage ein: „Haben Sie einen Leistenbruch?" Von den meisten Männern wird die Untersuchung auf einen Bruch nicht als so unangenehm empfunden als die Abtastung des Genitales. Nach Kontrolle der Bruchpforten macht die weitere Vorsorgeuntersuchung keine Schwierigkeiten mehr.

Gynäkologische Untersuchung:
So erschrecken Sie keine Patientin

von Dr. Rolf Remberg, Facharzt für Frauenkrankheiten und Geburtshilfe, Rendsburg

Das Problem: Vorgewärmte Spekula erleichtern dank geringerer Abwehrspannung seitens der Patienten die gynäkologische Untersuchung.

Der Tip: Ich benutze dazu haushaltsübliche elektrische Wärmeplatten (z. B. von der Fa. „Braun").

Die Folge: Die gewünschte Temperatur bleibt konstant dank des zuverlässigen eingebauten Thermostaten. Die Einschaltdauer kann durch eine Zeitschaltuhr für E-Geräte geregelt werden.

Koxarthrose:
Mein Test zur Früherkennung

von Dr. Albert Cramer, Leit. Arzt des Werksarztzentrums Minden e.V.

Das Problem: Frühdiagnostik einer Koxarthrose.

Der Tip: Den Verdacht auf Koxarthrose zu erhärten oder auszuschließen, gelingt schnell und zuverlässig mittels dieses Tests (siehe Skizze):
Dem bäuchlings ausgestreckt liegenden Patienten winkelt man die Unterschenkel im Knie rechtwinkelig ab, so daß sie senkrecht stehen. Dann läßt man – mit leichter Hand – beide distalen Unterschenkel auswärts fallen. Die Oberschenkel bleiben dabei geschlossen. Diese Bewegung entspricht einer Einwärtsrotation im Hüftgelenk, deren Einschränkung – bekanntlich – ein erstes und sicheres Indiz für die Koxarthrose ist.

✉ Dazu gab es Kritik:

Test nicht für alle Fälle geeignet

Die Meinung des Kollegen Cramer, daß die Einschränkung der Innenrotation des Hüftgelenks, sein Test zur Früherkennung in Bauchlage, geeignet sei, den Verdacht auf Koxarthrose zu erhärten oder auszuschließen, kann ich nicht für jeden Fall bestätigen. Nur die epiphysäre Koxarthrose ist in der Regel in der Innenrotation und Anspreizung eingeengt, die Dysplasie-Koxarthrose nicht unbedingt etc. Im wesentlichen ist die Innenrotationsstörung kapsulär bedingt (s. Anatomiebuch). Man sollte schon zur Frühdiagnostik die Beweglichkeit des Hüftgelenks korrekt für alle Richtungen, die Dreh- und Spreizbewegungen bei 0° und 90° untersuchen, um eine Funktionsstörung zu verifizieren. Dies kann man ohne Schwierigkeiten nach der Prüfung des Laségue in Rückenlage machen. Aber dabei sollte der Patient sich ausziehen, was für den Bauchlage-Unterschenkel-Schnelltest ja nicht unbedingt nötig ist.

Dr. H. O. Hardt, Orthopäde, Hagen

Das hilft auch bei Diagnostik und Therapie

5

Ultraschallgel:
Im Flaschenwärmer vorwärmen

von Dr. Friedrich Abegg, Frauenarzt, Karlsruhe

Das Problem: Gel mit Zimmertemperatur wirkt auf der Bauchhaut erschreckend.

Der Tip: Gelflasche in einem normalen Babyflaschenwärmer vorwärmen.

Die Folge: Dankbare Entspannung bei der (dem) Betroffenen. Übrigens sollte aus demselben Grunde jeder Gynäkologe seine Spekula vorwärmen, was technisch einfach möglich ist (z. B Wärmeplatte, warmer Wasserhahn, Heizkissen mit Alufolie o ä.).

Anmerkung der Redaktion: *Wie uns Dr. Johannigmann, Frauenklinik der TU München, mitteilte, dürfen nur Halbtagesportionen erwärmt werden, d. h., das Gel darf nicht über 12 Stunden hinaus erwärmt werden, da sonst die Gefahr einer Keimbesiedlung droht.*

Sonographie:
Jeder Patient bringt zwei Handtücher mit

von Dr. Hans Peter Kastorf, Internist, Pfungstadt

Das Problem: Beseitigung des Kontaktgels nach Sonographie.

Der Tip: Ich bitte alle Patienten, 2 mittelgroße Frotteehandtücher mitzubringen. Zunächst wird das Gel mit Holzspateln abgenommen. Der Rest wird in die Handtücher geputzt. Für vergeßliche Patienten habe ich immer einen kleinen Stapel mit billigen Handtüchern vorrätig.

Die Folge: Bei einer größeren Anzahl von Ultraschall-Untersuchungen pro Tag erspare ich mir dadurch eine Menge Wascharbeit. Ich habe die Erfahrung gemacht, daß sich das Ultraschall-Gel mit Frotteestoff wesentlich besser von der Haut abnehmen läßt.

Ultraschall-Gel:
Mit Holzspatel abschaben

von Dr. K. Hitzelberger, Internist, Garching b. München

Das Problem: Bei der Sonographie hat man am Ende der Untersuchung große Mengen von Kontaktgel auf dem Bauch des Patienten, das von den Untersuchern mit Zellstoff oder dgl. abgewischt wird, was aber meist nicht ordentlich gelingt (meist benötigt man große Mengen davon).

Der Tip: Mit einem Holzspatel gelingt es rasch, das Gel zu beseitigen, es wird allenfalls noch 1 kleines Papierhandtuch benötigt, um letzte Reste zu entfernen.

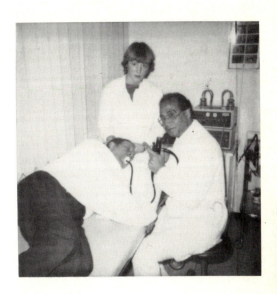

Gastroskopie:
Meine Patienten tragen eine Schürze

von Dr. Jwad Sahi, Internist, Ennigerloh, Bez. Münster

Der Tip: Ich habe eine Plastikschürze entworfen, die dem Patienten während einer gastroskopischen Untersuchung angezogen wird, um evtl. Verschmutzen der Kleidung des Patienten durch Erbrechen zu verhindern. Außerdem ist die Schürze wirtschaftlicher als die Einmaltücher.

Gastroskopie:
Meine Patienten tragen Einmal-Schürzen

von Dr. E. Rosenbeck, Fürstenfeldbruck

Das Problem: Wie läßt sich vermeiden, daß sich Patienten bei der Gastroskopie beschmutzen?

Der Tip: Meine Patienten bekommen einen Einmalumhang umgebunden, den es in jedem Friseur-Großhandel gibt. Nach Gebrauch wird selbiger samt dem eventuellen Exvomitoexpectorato-Regurgitat geruchsarm, appetitlich sauber ruck-zuck im Abfall deponiert (100 Stück kosten ca. 25 DM).

Der Vorteil: Jede Reinigung bzw. Schürzendesinfektion erübrigt sich damit zeitsparend und kostenneutral.

Arzt vorgeschriebene Einnahme!

Dr. Herbert Wiegrefe
Arzt für Allgemeinmedizin
3000 Hannover 1, Friedenstr. 55
Telefon 81 52 63

Präparat	morgens	mittags	abends	nachts	vor	während	nach
Bei Erbrech.							
	Anzahl Tabletten oder Tropfen				dem Essen		
Paspertin	5 Tropfen				✗		
nüchtern	5 Min Warten						
1 – 2 x	5 Tropfen				Ohne Flüssigkeit		
bis zum	5 Min Warten						
Sistieren	5 Tropfen						

Erbrechen:
Paspertin nicht schlucken!

von Dr. H. Wiegrefe, Arzt für Allgemeinmedizin, Hannover

Das Problem: Die Anwendung von Paspertin®-Tropfen bei Erbrechen.

Der Tip: Nach beiliegendem Plan kann Paspertin bei Erbrechen jeder Genese gegeben werden. Ohne Nachtrinken von Flüssigkeit hilft das auch im Krankenhaus. Denn 5 Tropfen nimmt die Zunge auf, weil man nicht schlucken braucht. Bei 10 Tropfen muß man aber schon schlucken und bricht weiter. Bei angeblichem Nichthelfen wird gemogelt.

Kapsel zerbeißen:
... und wenn die 3. Zähne verlegt sind?

von Dr. med. Dr. phil. Conrad Droste, Stegen-Wittental

Das Problem: Häufig wird man zu einem Patienten mit akutem Herzschmerz in der Nacht gerufen. Ältere Patienten
haben dann meist ihre „dritten Zähne" abgelegt und sind
nicht in der Lage, eine sublingual verabreichte Kapsel zu
zerbeißen. Auch kann ein Patient zu schwach sein oder zu
wenig ansprechbar, um noch eine Kapsel zu zerbeißen.

Der Tip: Es kann in solchen Fällen dennoch auf eine sub-
linguale Applikationsform zurückgegriffen werden, mit der
einem Patienten am schnellsten ein Medikament zugeführt
werden kann und die Zeit, bis ein intravenöser Zugang gelegt ist, überbrückt werden kann. Es empfiehlt sich in solchen Fällen, entweder mit einer Injektionskanüle ein Loch
in die Kapsel (meist Nitroglyzerin*-Kapsel oder Nifedipin*-
Kapsel) zu machen und die so eröffnete Kapsel dem Patienten unter die Zunge zu legen, damit er sie auslutschen
kann. Wenn dies nicht möglich ist, kann auch mit einer
Spritze die Flüssigkeit aus der Kapsel herausgesogen und
dem Patienten direkt unter die Zunge gespritzt werden.
* Siehe Präparate-Index auf Seite 284.

Dosier-Aerosol:
So lernen Ihre Patienten, damit umzugehen

von Dr. Eduard Kasperek, Arzt für Allgemeinmedizin, Ötisheim

Das Problem: Wenn ein Asthmatiker das Dosier-Aerosol falsch benutzt (z. B. Spray bei Exspiration), wirkt es nicht. Wie erreichen Sie, daß ein Asthmatiker das Dosier-Aerosol wirklich nur bei der Inspiration betätigt?

Der Tip: Lassen Sie den Patienten bei erstmaligem Gebrauch eines Dosier-Aerosols einfach durch das Aerosolgerät ein- und ausatmen (Lippen gut um das Mundstück geschlossen halten). Dann soll der Patient den Zeitpunkt der Spraygabe trainieren.

Das Ergebnis: Bessere Gewöhnung des Patienten an das Dosier-Aerosolgerät und sichereres Bedienen beim Notfall. Ich habe damit gerade bei älteren Patienten gute Erfahrungen gemacht.

Akuter Asthmaanfall:
Das hilft wirklich

von Frau Dr. R. F. aus H.

Der Tip: Ich bin Asthmatikerin, und während einer Fortbildungsveranstaltung auf Rhodos bekam ich von einem Kollegen den Insider-Tip: Im akuten Anfall 1 bis 2 Kapseln Nifedipin* zerbeißen und im Mund zergehen lassen. Das würde zu einer sofort einsetzenden Relaxation der Bronchialmuskulatur und zu einer Erweiterung des gesamten Bronchialweges führen. Nahezu nebenwirkungsfrei, unter Umständen könne ein leichter Blutdruckabfall auftreten. Ich habe diesen Tip ausprobiert und bin ganz begeistert. Nichts half bisher so überzeugend.

* Siehe Präparate-Index Seite 284

Beatmung:
Damit die Luft nicht im Magen landet

von Dr. Dieter Feldmann, Arzt für Allgemeinmedizin, Badearzt, Bad Lauterberg

Das Problem: Bei Beatmung infolge Atemstillstand füllt sich der Magen mit Luft, weniger aber die Lunge.

Der Tip: Während Daumen und Zeigefinger den Unterkiefer nach oben bringen, drückt der Kleinfingerballen auf den Schildknorpel.

Die Folge: Der Ösophagus wird so zwischen Wirbelsäule und Trachea zusammengedrückt, die Luft gelangt in die Lunge.

Analgetikum bei Tendopathie: Nitropflaster

von Dr. H. Schultze, Facharzt für innere Krankheiten, Stuttgart

Das Problem: Die Behandlung von Tendopathien.

Der Tip: Es hat sich herausgestellt, daß die Anwendung von Nitroglyzerinpflaster* bei Tendopathien ganz hervorragende Heilungsergebnisse erzielt. Tendopathien der verschiedensten Lokalisation (Epicondylitis humeri, Processus styloides, Bursa acrom., Pes anserinus, Achillessehne) ergaben, daß Auflegen eines entsprechenden Nitroglyzerinpflasters – die verschiedenen Stärken konnten keine offensichtlich unterschiedlich starke Wirkung hervorrufen – rasche und nachhaltige Schmerzlinderung erbrachte. Es wurde Schmerzlinderung z. B. bei Epicondyl. humeri und der Bursitis acrom. erbracht, die vorher lang dauernde Injektionsbehandlung auch mit Prednison* und Orgotein* überstanden hatten. Erstaunlich ist, daß bei einer deutlichen Koxarthrose das Auflegen des Pflasters auf ein gelenknahes Gebiet Schmerzminderung erbrachte. Ein großer Nachteil dieser Behandlung sind die bei relativ vielen Patienten auftretenden Nitratkopfschmerzen. Verschiedene Patienten haben aber erklärt, daß sie die Nitratkopfschmerzen gern auf sich genommen haben, weil damit die Schmerzen an den genannten Stellen zum Verschwinden gebracht werden konnten. (Gelegentlich kann man die Kopfschmerzen „austricksen", indem man bei Beginn der Kopfschmerzen das Pflaster entfernt und nach Abklingen es wieder aufklebt. Es sind aber nur erst einmal Einzelbeobachtungen, die noch durch größere Zahl verifiziert wer-
* Siehe Präparate-Index Seite 284

den sollten.) Bei 80 bisher behandelten Patienten waren 17 Fälle von ungenügender Wirkung. 63 Patienten hatten gute bis sehr gute Erfolge. Es wäre interessant, wenn diese Beobachtung von anderen Kollegen nachgeprüft würde. Andere Hautreizpflaster (z. B. ABC-Pflaster®) waren nicht entfernt so wirksam wie die Nitratpflaster.

✉ Dazu gab es Kritik:

Ich nehme Nitrosalbe

Ich möchte mitteilen, daß ich bei einigen Patienten zufälligerweise ähnliche Erfahrungen gemacht habe wie Kollege Schultze. Allerdings habe ich statt Nitropflaster Nitroglyzerinsalbe* angewandt. Ich persönlich verfüge über Erfahrungen unter anderem mit einem Patienten mit rezidivierender Angina pectoris, der nicht nur während der Anfälle, sondern auch unabhängig davon über typische Beschwerden einer Epicondylitis humeri lateralis klagt und beobachten konnte, daß er bei Anwendung eines Nitroglyzerinsprays* diese Schmerzen beseitigen kann.

Dr. Wolfgang Weisser, prakt. Arzt, Frankenthal

* Siehe Präparate-Index Seite 284

Epikondylitis:
Beschwerdefrei durch Nitrospray

von Dr. Klaus Hennewig, prakt. Arzt, Ahlen-Dolberg

Das Problem: Patientin, 50 Jahre alt, mit Epicondylitis humeri lateralis und Myalgie der Schulter-Nacken-Muskulatur, die mit 3mal 1 Tablette Diclofenac® und 1mal 1 Packung Enelbin®-Paste (abends für 3 Stunden) therapiert wurde, gab an, seit ca. 3 Wochen Schmerzen im Bereich des rechten Ellenbogens zu verspüren und unter nächtlichem Einschlafen der rechten Digiti II und III zu leiden.

Der Tip: Mehrmals tägliches Einsprühen des Epikondylus mit TD Spray Iso Mack® führte schon nach 3 Tagen zur Beschwerdefreiheit. Druck- oder Bewegungsschmerz war nicht mehr nachzuweisen. Die Myalgien hatten sich durch die Begleittherapie dagegen nur geringfügig gebessert.

HWS ruhigstellen:
Manschette aus Zeitung

von Dr. Hans Kalinke, Orthopäde, Wiesbaden

Das Problem: Ruhigstellung der Halswirbelsäule zur Anbe-
handlung von akuten Schmerzzuständen bei HWS-Schulter-
Syndrom vertebraler Genese oder akutem muskulärem
Schiefhals (Torticollis).

Der Tip: Verwendung einer Krawatte aus Zeitung und
Handtuch zur Ruhigstellung der HWS.

Durchführung: Eine ganze Tageszeitung wird auseinander-
gefaltet, die einzelnen Doppelseiten werden gegeneinander
etwas verschoben und etwa handbreit von unten nach oben
zu einem „Papierband" zusammengefaltet, welches man
dann über eine runde Tisch- oder Stuhlkante zieht, um so
die Luft auszupressen und dem Ganzen mehr Flexibilität
zu geben. Dieses Papierband wird nun in ein längsgelegtes
Frotteehandtuch – weichgespült – eingewickelt und die so
geschaffene Krawatte eng um den Hals gelegt, derart, daß
der Unterkiefer auf dem oberen Krawattenrand aufliegt. Fixierung erfolgt mit einer großen Sicherheitsnadel oder
einem „Einmachgummiring".

Der Effekt: Exakte Ruhigstellung der HWS durch ein sofort
verfügbares Hilfsmittel, keine Kosten und einfache, saubere, trockene Handhabung.

Euspirax® retard

Euspirax® retard Bronchospasmolytikum. **Zusammensetzung:** 1 Retardtablette enthält: Cholintheophyllinat 400 mg entsprechend 254 mg Theophyllin, wasserfrei. **Indikationen:** Krampfzustände der Bronchialwege (Atemnot) bei chronischer Bronchitis, Lungenemphysem und Bronchialasthma. **Dosierung und Anwendungsweise:** Beginn mit 2mal täglich 1 Retardtablette. Soweit erforderlich, kann die Tagesdosis ggf. nach drei Tagen erhöht werden. Die Dosierung von Euspirax retard ist vom Körpergewicht (Idealgewicht) abhängig. Erhaltungsdosis/Tag: Erwachsene ca. 17 mg Cholintheophyllinat/kg; Kinder und Jugendliche von 12 bis 16 Jahren ca. 28 mg Cholintheophyllinat/kg. Eine individuelle Dosisanpassung ist während der gesamten Behandlung möglich. Ausführliche Dosierungsanleitung siehe Gebrauchsinformation für Fachkreise. **Kontraindikationen:** Frischer Herzinfarkt; Hyperthyreose, Thyreotoxikose; Epilepsie; hypertrophe obstruktive Kardiomyopathie; schwere Hypertonie; induzierbare Porphyrien; Ulzera im Magen-Darm-Bereich; tachykarde Arrhythmie. Strenge Indikationsstellung während der Schwangerschaft, insbesondere während der ersten drei Monate, unmittelbar vor der Geburt und während der Stillzeit. Kinder und Jugendliche mit einem Körpergewicht unter 40 kg sollten mit Euspirax retard nicht behandelt werden. **Nebenwirkungen:** Bei individueller Überempfindlichkeit oder zu hoher Dosierung: Magenbeschwerden, Übelkeit, Erbrechen, Durchfall, Blutdruckabfall, Tachykardie, zentralnervöse Beschwerden wie Unruhe, Gliederzittern, Schlafstörungen, Kopfschmerzen, Erregungsund Krampfanfälle. **Wechselwirkungen:** Ephedrin, Furosemid, Sympathikomimetika, xanthinhaltige Medikamente – Wirkungsverstärkung durch Theophyllin; Lithiumcarbonat, Propranolol – Wirkungsabschwächung. – Verstärkte Theophyllin-Wirkung bei gleichzeitiger Einnahme von oralen Kontrazeptiva, Kortikosteroiden, Makrolid-Antibiotika, Cimetidin, Allopurinol, Propranolol und Isoprenalin. Verminderte Theophyllin-Wirkung durch Rauchen oder gleichzeitige Einnahme von Barbituraten, Phenytoin, Sulfinpyrazon, Carbamazepin, Antazida mit Magnesiumhydroxid, Rifampicin und Isoniazid. **Packungsgrößen und Preise:** 20 Retardtabletten (N 1) DM 11,95; 50 Retardtabletten (N 2) DM 26,05; 100 Retardtabletten (N 3) DM 48,97; AP. 10 × 50 Retardtabletten. Verschreibungspflichtig! Weitere Angaben sind in dem für den Arzt bestimmten wissenschaftlichen Prospekt enthalten.

M. Raynaud:
Nitrat-Spray wirkt Wunder

von Dr. Klaus Hennewig, prakt. Arzt, Ahlen-Dolberg

Das Problem: Patientin, 54 Jahre alt, mit Morbus Raynaud, die gleichzeitig an Herzinsuffizienz, Rhythmusstörungen und Varikosis litt und mit Digitalis, oralem Nitrat, einem Antiarrhythmikum und Aescin* behandelt wurde, kam mit schneeweißen, kalten Fingern beider Hände in die Praxis.

Der Tip: Nach dorsalem und plantarem Besprühen der Finger mit TD-Spray Iso Mack® und Einreiben dieser Flüssigkeit kam es innerhalb von 5 Minuten zur Rötung, Erwärmung und vollständigem Verschwinden der schneeweißen Verfärbung der Finger. Der Puls der A. radialis war beiderseits gut tastbar.
* Siehe Präparate-Index Seite 284.

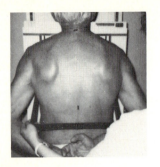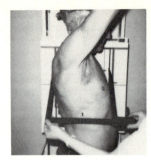

Rö-Thorax:
So spare ich Film

von Dr. Richard Gronemeyer, Internist, Fritzlar

Das Problem: Röntgenfilmverbrauch und Strahlenbelastung für den Patienten sind hoch, wenn keine exakte Zentrierung des Patienten erfolgt oder ein falsches Filmformat für eine Aufnahme gewählt wurde.

Der Tip: Bei Thoraxaufnahmen am Rasterwandstativ benutzt die Helferin eine Meßkluppe, eine große Schieblehre, wie sie von Forstwirten verwandt wird. Aufgrund des ermittelten Durchmessers läßt sich das richtige Bildformat bestimmen, die Medianlinie läßt sich auch bei WS-Deformitäten oder in der seitlichen Thoraxaufnahme exakt bestimmen und mit einem kleinen Klebeetikett markieren. Die obere Lungengrenze läßt sich durch Markierung der Vertebra prominens mit einem Klebeetikett ebenfalls exakt einblenden.

Vorteil: Geringere Strahlenbelastung durch präzise Aufnahmen, Filmersparnis.

Unfallverletzungen:
Ich dokumentiere mit Polaroid

von Dr. Hans-Jörg Meißner, prakt. Arzt, Bremen

Der Tip: Bei Unfallverletzungen, größeren Ulcera cruris und bei Begutachtung für das Versorgungsamt mit entsprechenden gravierenden Lokalbefunden fertige ich Fotos mit einer Polaroid-Kamera an.

Der Vorteil: Der schriftlich abgefaßte Lokalbefund wird durch das Bild deutlicher. Der Heilverlauf wird dokumentiert.

Darf ich Ihnen was Besseres verordnen?

von Dr. K. H. Humfeld, Arzt für Allgemeinmedizin, Wuppertal-Elberfeld

Das Problem: Ein Patient möchte ein ganz bestimmtes Arzneimittel verschrieben haben, mit den Worten: „Das hat meinem Kollegen, der unter den gleichen Beschwerden leidet, so gut geholfen."

Der Tip: Meine Antwort, falls ich dieses Medikament nicht für angebracht halte, lautet fragend: „Darf ich Ihnen auch etwas Besseres verordnen?"

Die Folge: Daraufhin habe ich meist „freie Bahn". Lange medizinische Erklärungen werden auf diese Weise vermieden.

So verordne ich

von Dr. Helmut Busse, Arzt f. Allg.-Med., Northeim (Hann.)

Das Problem: Allen Patienten, die mehr als 2 Präparate einnehmen müssen, gebe ich eine genaue Aufstellung auf den üblichen Handzetteln mit und bitte um Wiedervorlage beim nächsten Besuch bzw. bei nächster Beratung. Wie ärgerlich, wenn insbesondere die älteren Patienten, die oft so viele verschiedene Medikamente einnehmen müssen, die Handzettel nicht bei sich haben, vergessen oder verbummelt haben! Wie zeitraubend, das vorher gründlich durchdachte Einnahmesystem nochmals wieder zusammenstellen zu müssen!

Der Tip: Handzettel mit Durchschrift herstellen lassen. Die Durchschrift bleibt in der Kartei.

Die Folge: Mehrkosten? Sicherlich. Man spart aber Zeit und Arbeit.

Antibiotika-Therapie versagt:
Die Pillen nachzählen!

von Dr. Mathias Bieberbach, Hannover

Das Problem: Therapieversager bei Behandlung mit Antibiotika, auch nach Erregertestung.

Der Tip: Ich bitte den Patienten, die Packung mit den restlichen Tabletten zum nächsten Besuch mitzubringen. Durch Nachzählen der restlichen Tabletten läßt sich sofort sehen, ob ein Medikament tatsächlich täglich in der verordneten Menge genommen wurde. (Bis zu 30 % der Patienten nehmen auch Antibiotika nicht oder nicht regelmäßig.)

✉ Dazu gab es Kritik:

Hausbesuch:
Schauen Sie in den Küchenschrank!

Zu diesem Thema kann ich Ihnen berichten, daß schon mein Vater vor 50 Jahren als Landarzt dafür bekannt war, daß er beim Hausbesuch den Küchenschrank öffnete, wenn kein Therapieerfolg eingetreten war: Sein Kommentar: „Wenn die Tabletten unangebrochen im Schrank stehen, können sie auch nicht helfen." Ich mache es heute noch so!

Dr. Dietrich Bredthauer, Arzt, Steinhude am Meer

So finde ich die bessere Salbe

von Dr. med. univ. Wilhelm Habenicht, prakt. Arzt,
Velden/Österreich

Das Problem: Es kommt oft darauf an, zwischen zwei
Salben oder zwei Verfahren zu wählen, beispielsweise bei
einer Erstbehandlung oder bei empfindlicher Haut.

Der Tip: Bei generalisiertem oder symmetrischem Befall
ist es ratsam, das Mittel der Wahl auf der einen Körper-
hälfte, das nachrangig folgende Mittel auf der Gegenseite
anzuordnen.

Die Folge: Am nächsten Tag sieht man aus dem Ergebnis,
welches von beiden besser vertragen wird, da liest man
das Resultat am Unterschied ab und richtet die Therapie
danach aus. (NB: Dies ist meines Wissens eigentlich ein
altes „Rezept" der Hamburger Hautärzte. Ich frische es
auf, damit es nicht in Vergessenheit gerät.)

So wirken Rheumasalben besser

von Dr. Bernd Lemmrich, Espenau

● **Das Problem:** Rheumasalben wirken auf der Haut zu stark.

   Der Tip: Vorher die Körperstelle mit einer neutralen Creme (z.B. Nivea) einreiben, dann die Rheumasalbe auftragen.

● **Das Problem:** Rheumasalben wirken auf der Haut zu schwach.

   Der Tip: Vorher ein warmes bis heißes Teil- bzw. Vollbad nehmen und dann gleich einreiben. Die Rheumasalbe dringt tief in die gut durchblutete Haut ein und wirkt dadurch intensiver.

Umgang mit Salben

von Dr. Edwin Grob-Dal Pan, Spezialarzt FMH für allgemeine Medizin, Wil/Schweiz

Das Problem: Kennen Sie einen Salbenverband, der nicht in kurzer Zeit mit Salbe getränkt ist?

Der Tip: Salben wende ich prinzipiell nur okklusiv an, damit sie nicht vom Verband aufgesaugt werden. Ich verwende dazu eine der hauchdünnen Haushaltsplastikfolien.

Die Folge: Sauberer Verband, weniger Salbenverbrauch, bessere Wirkung.

Verpilzter Zehennagel:
Verband mit Haushaltsfolie

von Dr. Eva Hoffmann, praktische Ärztin, Rheinmünster-Söllingen

Das Problem: Zum Ablösen eines verpilzten Zehennagels mit Harnsäuresalbe gehört ein Okklusivverband. Üblicherweise wird dazu ein Gummifingerling empfohlen, der aber auch oft den Zeh einschnürt oder abrutscht.

Der Tip: Wir machen die Verbände mit selbsthaftender Haushaltsklarsichtfolie. Das bewährt sich bestens.

Nagelmykosen behandeln:
Einmalhandschuh besser als Folie

von Dr. Eveline Meinert, prakt. Ärztin, Offenbach-Bieber

Das Problem: Bei Mykosen an Hand- und Fußnägeln werden zur Onycholyse Okklusiv-Verbände notwendig. Durch die bisher übliche Verwendung von Folien wird dem Patienten die Benutzung von Schuhen bzw. Handschuhen erschwert.

Der Tip: Wir schneiden von unseren Einmalhandschuhen die Fingerkuppen ab und haben eine gutsitzende und mit Klebepflaster gutschließende Paßform!

Nagelmykosen:
So packe ich die

von Dr. K. Ofteringer, Arzt, Laufenburg

Das Problem: Nagelmykosen sind langwierig und der Therapie schlecht zugänglich, da die Pilze unter dem Nagel sitzen und weder mit einer internen noch mit einer externen Behandlung richtig erreicht werden. Vielfach wird die Nagelextraktion empfohlen, meist mit wenig Erfolg. Hier hat sich eine Methode bewährt, die hauptsächlich Geduld erfordert, aber weniger eingreifend und dennoch wirksam ist.

Der Tip: Ein Mull-Läppchen, satt mit einem konzentrierten Antimykotikum (z. B. Myxal®-Tinktur) getränkt, zusammengerollt über Nacht auf das Nagelbett gelegt und einen Fingerling darüber gestülpt. In dieser feuchten Kammer dringt das Antimykotikum in das Nagelbett ein und wird sowohl im Nagel als auch in der darunterliegenden Hautschicht eingelagert. Diese Behandlung muß solange durchgeführt werden, bis der Nagel sich einmal vollständig regeneriert hat. Im allgemeinen dauert dies 3–4 Wochen, doch gibt es erhebliche individuelle Unterschiede, weshalb man als Merkzeichen am besten mit einer Nagelfeile unmittelbar vor dem Nagelbett eine kleine Querrille markiert, aus der das Wachstum ersichtlich ist.

Cave: Bei dunkelgefärbten Wucherungen unter dem Nagelfalz kann es sich auch um Melanosarkome handeln. Ich selbst habe 2 solcher Fälle erlebt: Patienten, die zuvor wegen „Nagelmykosen" mehrere Nagelextraktionen hinter sich hatten. Beim einen reichte die Amputation des Fingers noch aus, beim anderen kam auch die Exartikulation im Schultergelenk zu spät, 5 Monate später starb er an Lebermetastasen.

Stützverbände am Unterschenkel:
So verrutschen sie nicht

von Dr. Kurt Stiegert, Arzt für Chirurgie, Rheinbreitbach

Das Problem: Stützverbände der Unterschenkel nach klassischer Manier (aufsteigende Spiraltouren) neigen beim Gehen zum Rutschen und erfüllen dann nicht mehr ihren Zweck.

Der Tip: Wesentlich dauerhafter wird der Verband, wenn man ihn dreilagig anlegt. Nach Erreichen der Kniekehle wickelt man eine 2. Lage gegensinnig fußwärts und dann eine 3. Lage wieder aufwärts. Damit der Verband nicht zu stark aufträgt, legt man die Bindentouren nur knapp deckend an. Die Patienten erlernen diese Technik leicht und können morgens oder nach dem Bade den Verband selbst erneuern.

Ulcus cruris varicosum:
Zahnwatte hilft

von Dr. Elisabeth Söhnchen, Fachärztin für Dermatologie,
Kerpen-Horrem

Das Problem: Ulcus cruris varicosum bei älteren Patienten
und solchen, die Verödung ablehnen.

Der Tip: Kompression der oberhalb des Ulkus gelegenen
Varize mittels Zahnwatte-Rolle (Celluron, Fa. Hartmann),
bleibt ständig unter Pütter-Verband liegen.

Die Folge: Raschere Abheilung.

Patient reißt Infusion raus:
Handfesseln nicht nötig

von Dr. Michael Sporrer, Oberarzt, Innere Abteilung des
Marien-Hospitals, Düsseldorf

Das Problem: Verwirrte oder unruhige Patienten reißen
sich häufig Infusionen, Katheter oder Sonden heraus.
Einzige Vorbeugungsmaßnahme waren bislang die sog.
Handfesseln.

Der Tip: Es genügt in den meisten Fällen, die Endglieder
von Daumen und Zeigefinger mit einem Pflaster zu
verkleben.

Die Folge: Die Opponierbarkeit des Daumens geht
verloren. Erfahrungsgemäß schafft es nur der Bewußtseins-
klare auf dann sehr umständlichem Wege, eine Sonde o. ä.
herauszureißen. Die Methode ist humaner als das Anlegen
von Handfesseln.

Alkoholabusus abgestritten?
Abhilfe durch „Verstärker"

von Dr. Gerald Hoefer, Nervenarzt, Waldbronn

Das Problem: Eine bestimmte Gruppe von Patienten, insbesondere zur Verleugnung neigende, bereits organisch geschädigte Alkoholabhängige, hält das mit bloßem Auge sichtbare Händezittern (bei vorgestreckten Händen zu prüfen) für unwesentlich, da es ohne Hilfsmittel für das Auge schwer zu erfassen ist.

Der Tip: Abhilfe durch einfachen „Verstärker". Auf die Hände ein Blatt Papier legen. (Ich nehme ein längeres Stück von einer einfachen Haushaltszelltuchrolle.)

Die Folge: Das Blatt gerät in optisch recht beeindruckende Resonanz; man kann nicht „drüber hinwegsehen".
Mancher, „der es noch nicht so recht wahrhaben wollte", ist betroffen und gewinnt so einen zusätzlichen Anstoß, die selbstschädigenden Verhaltensweisen zu überdenken.
Kostet weder Zeit noch Geld zusätzlich.

Varizen:
Wie ich veröde

von Dr. Elisabeth Söhnchen, Fachärztin für Dermatologie, Kerpen-Horrem

Das Problem: Varizenverödung.

Der Tip: Kompression der gerade verödeten Varize mit Zahnwatterolle. Darüber Kompressionsverband.

Die Folge: Keine Bildung von intravasalen Hämatomen.

Anamnese:
Stellen Sie mal diese Frage!

von Dr. med. Dr. jur. Herbert Mück, Arzt, Köln

Der Tip: Wichtige Anamnesefrage: Worauf führen Sie selbst
Ihre Beschwerden zurück? Mit dieser Frage ist dem Arzt
ein Schlüssel an die Hand gegeben, um rasch die
geheimen Ängste, falschen Vorstellungen und bisherigen
Irrwege des Patienten in Erfahrung zu bringen. Die Antwort
läßt in den meisten Fällen erkennen, welche Selbstmedika-
tion der Patient bisher vorgenommen und welche anderen
Ärzte (möglicherweise auch Heilpraktiker) er bereits
konsultiert hat. Die Frage vermittelt dem Patienten außerdem die Sicherheit, vom Arzt als ein Partner akzeptiert zu
werden, dessen eigene Meinung von Wichtigkeit ist.
Schließlich ist es dem Arzt in Kenntnis der Selbsteinschät-
zung des Patienten möglich, nicht nur in somatischer Hin-
sicht zu helfen, sondern auch der psychisch-emotionellen
Beteiligung des Patienten an seinem Krankheitsgeschehen
Rechnung zu tragen.
Wenn die Frage offenbar dennoch kaum gestellt zu werden
scheint, so dürfte dies auf ein Vorurteil des Arztes zurück-
zuführen sein: Die Befürchtung, der Patient könne aus dieser Frage auf eine mögliche Unsicherheit, ein fehlendes
Wissen oder eine mangelnde Kompetenz des Arztes
rückschließen. Die hier vorgeschlagene Formulierung bietet
für eine solche Schlußfolgerung jedoch keinen Ansatz.

Wenn Wespe in die Zunge sticht...

von Dr. Günther Brüggenwerth, Arzt für Allgemeinmedizin, Stade

Das Problem: Es ist mal wieder die Zeit der Wespenstiche – bei manchen Patienten mit erheblichen allergischen Reaktionen. Eine junge Frau kommt akut in meine Praxis, nachdem sie kurz zuvor von einer Wespe in die Zunge gestochen worden war: Erhebliche Schwellung, Engegefühl im Hals.

Der Tip: Nach der üblichen Medikation (Kalzium, evtl. Kortikosteroide) und dem Hinweis, mich bei einer Verschlechterung sofort wieder aufzusuchen, folgender Rat: Und nun kaufen Sie sich ein großes Eis und lassen das ganz langsam im Munde zergehen, das gibt bestimmt Linderung. Freudiges Aufleuchten: „Ja, Herr Doktor, das tue ich sofort!" (Man kann natürlich auch Eiswürfel empfehlen.)

IUP einlegen:
Lutschtablette verhindert Kollaps

von Dr. Hansheinrich Kolbe, Facharzt für Frauenkrankheiten und Geburtshilfe, Karlsruhe

Das Problem: Beim Einlegen eines Intrauterinpessars kommt es gelegentlich vor, daß eine Patientin präkollaptisch wird bzw. kollapiert.

Der Tip: Ich gebe Patientinnen, die keine Hypertonie haben, kurz vor dem Eingriff ein Antihypotonikum, das oral resorbierbar ist (wie z.B. Norphenovit®), zum Lutschen. Dabei addiert sich zu der Kreislaufwirkung auch noch ein Ablenkeffekt (Geschmack der Tablette), und das Einlegen der Spirale wird als nicht unangenehm empfunden.

Wenn Sie Kinder behandeln

Da staunen die Kinder

von Dr. Irene Gschnait, Facharzt für HNO-Krankheiten, Wien

Das Problem: Das fehlende oder oft mangelhafte gute alte Hausarzt-Patienten-Verhältnis in einer modernen, viel frequentierten Ordination.

Der Tip: Während der Untersuchung finde ich immer Zeit, ein paar private Worte mit dem Patienten – Kind oder Erwachsener – zu wechseln. Ich notiere auf der Kartei auch darüber ein kurzes Stichwort und knüpfe beim nächsten Besuch daran an.

Die Folge: Der Patient hat das Gefühl, auch als Mensch und nicht nur als Krankheitsfall ernst genommen zu werden. Die Sympathie und das Vertrauen wächst und wirkt sich auf den Heilerfolg sehr positiv aus.
NB: Den größten Effekt erreichte ich einmal mit dieser Methode, als ich ein Kind nach zweijährigem Intervall fragte, wie es denn seinem Teddy namens „Hermann Tannennadel" gehe.

Mittelpunkt des Wartezimmers:
Das Schwarze Brett

von Dr. Rüdiger Lorentzen, Kinderarzt, Hannover

Das Problem: Unausgenutzte Zeit im Wartezimmer, Kontaktpflege unter Patienten. Kinderflohmarkt – eine „Marktlücke".

Der Tip: Eine Anhefttafel für Patienten im Wartezimmer. Patienten bieten Spielsachen, Kinderkleidung, Babyausrüstungen usw. an, suchen Spielkreise, Eltern-Erfahrungsaustausch-Gruppen, Mutter-Kind-Turngruppen, auch Ferienquartiere oder Wohnungen und vieles mehr. Das „Schwarze Brett" wird rege benutzt und ist immer voll. Ich selbst habe ständig einen Zettel für Eltern älterer Kinder angeheftet mit der Bitte, uns in die Praxis, wo viel wegkommt oder kaputtgeht, nicht mehr gebrauchtes, irgendwo herumliegendes Spielzeug oder Bilderbücher zu bringen.

Die Folge: Viele Beziehungen werden angeknüpft. Spielzeug und noch nicht abgetragene Kinderkleidung liegen nicht mehr nutzlos zu Hause herum.

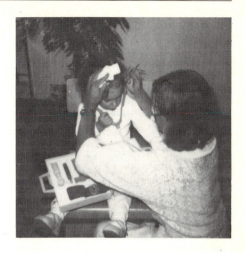

Unruhige Kinder:
Beim Arzt Doktor spielen

von Dr. Johanna Lindner, prakt. Ärztin, Penzberg

Das Problem: Kleine, unruhige und ängstlich abwehrende Kinder bei Untersuchung und Therapie.

Der Tip: In meiner Praxis ist ein robuster Spiel-Arztkoffer bei den Jüngsten sehr beliebt. Während ich untersuche oder kleine Wunden versorge, mißt der kleine Patient bei seiner Mutter den Blutdruck oder Fieber oder gibt ihr eine Spritze, die Kinder sind dabei derart in ihr Spiel vertieft, daß sie die Manipulation an ihrem Körper meist gar nicht registrieren.

Erfolg: Fröhliche Kinder und zufriedene Mütter.

Unruhige Kinder:
So lenke ich sie ab

von Dr. Lüder Temmen, Arzt für Allgemeinmedizin, Jever

Das Problem: Unruhige Kinder, wenn die Eltern untersucht werden.

Der Tip: In die Finger eines Einmalhandschuhes lege ich Bonbons oder kleine Spieltiere und gebe diesen Handschuh dem Kind!

Die Folge: Es dauert meist eine ganze Zeit, bis die Teilchen herausgefischt sind, und das Kind ist ruhig.

Kind weint:
Von Mutter halten lassen

von Dr. W. Mühlhäusler, Arzt für Allgemeinmedizin, Rheinzabern/Pfalz

Das Problem: Weinende Kinder im Sprechzimmer, die sich nicht untersuchen lassen.

Der Tip: Das Kind bleibt auf dem Schoß der Mutter, die sich etwas zurücklehnt. Der Arzt setzt sich mit einem Hocker vor das Kind und legt dessen Füße auf seinen Schoß, so kann das Kind in liegender Position im Arm der Mutter und bei weichen Bauchdecken untersucht werden. Man zeigt dem Kind vorher die leeren Hände, die kein gefährliches Instrumentarium enthalten. Der Ohrenspiegel wird als Lämpchen vorgeführt, das Stethoskop setzt man erst auf die eigene Hand, dann auf die Hand der Mutter und schließlich auf die Hand des Kindes auf, um es mit dem Instrument vertraut zu machen. Das lästige In-den-Mund-Schauen kommt zum Schluß.

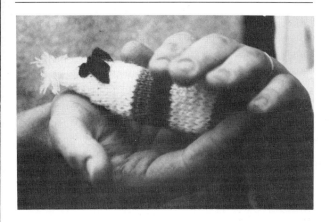

Kind weint:
Meine Maus tröstet

von Dr. W. Schaupeter, Arzt für Pädiatrie,
Staatl. Gesundheitsamt Freiburg

Das Problem: Ängstliche Kinder.

Der Tip: Bei meinen ärztlichen Untersuchungen (Schulan-
fänger, Impflinge) habe ich immer eine (selbstgestrickte)
mit Watte gefüllte Maus dabei (siehe Foto). Die Maus wird
nun so auf der unteren Hand plaziert, daß man sie mit
einer schnellen Bewegung der Fingerspitzen zum Springen
bringt, während die obere Hand durch Streicheln von
diesem Manöver ablenkt.

Die Folge: Mit dieser „Zaubermaus" habe ich schon unend-
lich viele ängstliche Kinderseelen zum Auftauen gebracht
und so manches Tränchen (wenn's weh getan hat) in ein
fröhliches Lachen verwandelt.

Schreiendes Kleinkind:
Diktiergerät wirkt Wunder

von Dr. Albrecht Morgenroth, prakt. Arzt, Kassel

Das Problem: Eine Mutter kommt mit ihrem schreienden Kleinkind in die Sprechstunde. Wie beruhige ich das Kind?

Der Tip: Ist ein Diktiergerät auf dem Schreibtisch vorhanden, läßt man es eine Weile mitlaufen, wenn möglich mit gesteigerter Empfindlichkeit („Konferenzschaltung").

Die Folge: Beim Abspielen verstummt der ertappte kleine Schreihals und wendet sich (meist) dem „interessanten" Gerät zu.

Kleinkind hat Angst:
Ich ziehe den Kittel aus

von Dr. Heinz Haack, Arzt für Allgemeinmedizin, Schauenburg

Das Problem: Ein Kleinkind hat Angst vor dem Arzt, dem weißen Kittel – ich hatte sie auch!

Der Tip: Also ziehe ich meinen Kittel aus und lächele das Kind freundlich an, lasse es auf dem Schoß oder Arm der Mutter, und es läßt sich in den meisten Fällen ohne Schwierigkeiten untersuchen.

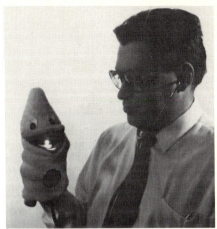

Kleinkinder
Ich lasse das Kuscheltier auskultieren

von Dr. Otto Becker, St. Peter-Ording

Das Problem: Häufiger mußte ich an Reihenunter-
suchungen für Kinder teilnehmen. Daß man bei dieser
Gelegenheit oft Kinder erlebt, die sich vor dem
unbekannten Untersucher fürchten, ist klar. Bei der Auskultation fangen dann auch die kleinen Patienten zu weinen
an – und schon weinen aus Sympathie einige aus der
Gruppe mit.

Der Tip: Man kaufe eine Figur fürs Puppentheater, in die
man mit der Hand hineinfahren und so Kopf und Arme
bewegen kann (ich bevorzuge Tierpuppen). An der Bauch-
seite der Puppe wird durch ein Loch das Stethoskop
geschoben und die Öffnung mittels Gummiband (Tabaks-

beutelnaht) relativ fest mit dem Stethoskopkopf zur Vermeidung von Nebengeräuschen verbunden. Der Rest ist einfach, die Puppe stellt sich beim kleinen Patienten vor, fragt
diesen evtl. etwas, und spielerisch kommen sich Kuschel-
tier und Kind näher und das Instrument an die vor-
gesehene Stelle (ganz skeptisch dreinschauenden Mädchen
oder Buben sage man, daß das da vorne eine Brosche
oder ein Orden sei. Die Membrane läßt sich entsprechend
verzieren.) Bei der abgebildeten Figur geht das Maul auf-
zuklappen. In den sonst geschlossenen „Rachen" wird ein
Loch geschnitten, ggf. mit einer Rucksacköse befestigt.
Durch das Loch kann man nun mit Leichtigkeit das Birn-
chen eines Othoskops (ohne Trichter) stecken und hat bei
Untersuchungen im Rachenraum der kleinen Patienten so
erstens genügend Licht, eine versteckte Lampe und eine
Figur, die den Kindern vormacht, wieweit man den
Schnabel aufsperren kann. Viel Spaß beim Basteln!

Spielend die Lunge auskultieren

von Dr. Jürgen Hout, Arzt für Allgemeinmedizin,
Lehrte-Arpke

Das Problem: Kleinkinder sind oft bei der Auskultation der
Lunge nicht dazu zu bewegen, tiefe Atemexkursionen zu
machen. Somit ist die Feststellung einer bronchopulmo-
nalen Erkrankung deutlich erschwert.

Der Tip: Ich lasse durch die Mutter ein Watteknäuel mit der
Hand vor den Mund des Kindes halten und fordere es auf,
diese Watte herunterzupusten. Dieses wird als lustiges
Spiel anerkannt und in nahezu allen Fällen durchgeführt.

Die Folge: Das Kind beginnt mit tiefer Inspiration und ist
weitaus besser zu auskultieren.

Baby auskultieren:
So klappt's am besten

von Dr. H. Eickschen, Kinderarzt, Allergologie,
Mönchengladbach

Das Problem: Wie bringe ich Babys und Kleinkinder dazu,
bei der Auskultation tief zu atmen? Kitzeln führt zu
unkontrolliertem Atmen mit Juchzen oder anderen Nebengeräuschen.

Der Tip: Die Mutter bläst das Baby kurz an.

Die Folge: Jedesmal ein kontrollierter tiefer Atemzug.

Wenn Asthma-Kinder nicht kooperieren

von Dr. Egon Förster, Overath

Das Problem: Die Applikation von Dosieraerosolen (z. B. eines Beta$_2$-Sympathomimetikums) ist bei asthmatischen Kleinkindern mit großen Schwierigkeiten verbunden.

Der Tip: Man bohre durch den Boden eines Pappbechers ein kleines Loch. Dort hinein wird das Mundstück des Dosieraerosols geschoben. Dann stülpt man den Becher wie eine Atemmaske über Nase und Mund des Kindes. So gelangt nach Vernebelung des Aerosols, selbst wenn das Kind überhaupt nicht kooperiert, eine ausreichende Dosis in das Bronchialsystem.

Anmerkung der Redaktion: Auf eine andere Idee kamen Pädiater aus Brooklyn/New York. In einem Beitrag in „Pediatrics" (Vol. 73, Nr. 2, 1984) empfehlen sie, das Dosieraerosol in einen Plastikbeutel – wie man ihn für Gefriergut verwendet – zu stecken und die Kinder in den Beutel ein- und ausatmen zu lassen, während die Eltern die Sprühvorrichtung betätigen. (An dem Beutel, der mittels Druckverschluß verschließbar sein muß, ist eine Ecke

nach: Haeson Lee et al., 1984

abgeschnitten, in das Loch wurde ein Mundstück gesteckt und der Plastikbeutel rings um das Mundstück mit einem simplen Gummi befestigt.) Das Verfahren klappte bei 20 Asthmakindern im Alter von 3 bis 6 Jahren vorzüglich.

Inhalationsnarkose:
Die Kinder sind begeistert

von Dr. W. Siegmund, Sanatorium und Krankenhaus,
Dr. Siegmund KG, Gersfeld/Rhön

Das Problem: Narkoseeinleitung bei Kindern.

Der Tip: Am Vorabend der Operation erhalten die Kinder
zum spielerischen Üben mit den notwendigen plausiblen
Erklärungen eine Atemmaske, die mit einem Zwischenstück
an einem Atembeutel gekoppelt ist, Die Kinder üben dann,
jedoch nur sehr kurz, den schwarzen Luftballon aufzublasen und werden angespornt, am nächsten Tag zu zeigen, wie gut sie den Ballon aufblasen können. Dabei wird
darauf hingewiesen, daß die Luft im Operationssaal etwas
nach Medizin „stinkt".

Die Folge: Bei der Narkoseeinleitung halten die Kinder die
Atemmaske selbst, konzentrieren sich ohne Angst auf das
Ballonaufblasen und sind nach wenigen starken Atemzügen
schnell eingeschlafen.

Narkoseeinleitung:
... und wenn das Kind sich wehrt?

von Narendra Mandon, Frauenarzt, Salzgitter

Das Problem: Bei der Einleitung der Halothan-Lachgas-Narkose mit der Maske wehrte sich ein kleines Mädchen so sehr, daß Gewaltanwendung fast unumgänglich schien.

Der Tip: Anstatt des üblichen „Tiefeinatmens" bat ich das Mädchen, kräftig auszupusten, was es auch mit aller Kraft hintereinander tat – mit dem gewünschten Erfolg. Später probierte ich diesen Trick mehrere Male und fast immer mit angenehmem Erfolg – beiderseits.

Fiebermessen beim Säugling:
So klappt es!

von Dr. Edwin Grob, FMH allg. Medizin, Wil/Schweiz

Das Problem: Rektale Temperaturmessung beim zappelnden Säugling; die axiale Temperaturmessung ist zu ungenau.

Der Tip: Damit die rektale Messung ohne Gefahr der Perforation oder des zerbrochenen Thermometers erfolgen kann, gehe ich folgendermaßen vor: In Bauchlage wird das Thermometer unter Spreizen der Nates bis zur Verdickung eingeführt. Dabei hält man das Thermometer nicht wie einen Bleistift, sondern an der Schwimmhaut zwischen dem unberingten Mittel- und Ringfinger. Damit legt sich die Hand wärmend und beruhigend auf den Popo und kann auch den Bewegungen eines unruhigen Kindes folgen.

Mit dem Bauch telefonieren

von Hans Meier, Arzt für Allgemeinmedizin, Langenzenn

Das Problem: Lauthals schreiende Kleinkinder beim Versuch, sie auszukultieren.

Der Tip: Auf das Kind beruhigend einreden mit den Worten: „Ich will ja nur mit deinem Bauch telefonieren!" Meistens habe ich Erfolg.

Schmerzen nach Zirkumzision: Margarinedose in die Unterhose!

von Dr. Cornelius Rosenfeld, Kinderarzt, Emsdetten

Das Problem: Schmerzen durch scheuernde Kleidung nach Zirkumzision.

Der Tip: Ein Kästchen (Margarinedose o. ä.) über das Corpus delicti legen, Unterhose darüberziehen.

Die Folgen: Keine Schmerzen durch scheuernde Kleidung.

Das schont den Penis

von Mag. Lilli Jaroschka, Arztgattin und Medizinstudentin,
A-Mistelbach

Das Problem: Vorhaut des Penis wird im Reißverschluß
der Hose eingeklemmt. Wenn es einmal klemmt, ist es
schon zu spät. Auch wenn er noch so geschickt befreit wird
– das Psychotrauma bleibt. Es kann leicht passieren, daß
ein bereits sauberes Kind, aus Angst, das Unglück könnte
sich wiederholen, wieder beginnt, in die Hose zu machen.

Der Tip: Die Mütter sollen dazu angehalten werden,
folgende Vorsichtsmaßnahmen zu treffen:
1. Nur Hosen mit Plastik- (nicht Metall-)Reißverschlüssen
anziehen.
2. Immer eine Unterhose anziehen, und zwar eine
hinreichend große, ohne Schlitz, damit gar nichts hervor-
gucken kann, was eingeklemmt werden könnte. Damit
sollte das große Problem vieler kleiner Männer eigentlich
gelöst sein.

Balanitis:
Baumwollschlauchverband nehmen

von Jürgen Conze, Hautarzt, Naturheilverfahren, Aachen

Das Problem: Akute oder chronische feucht erosive Balanitis. Vorfall der Vorhaut über Glans bewirkt feuchten Stauraum und macht Behandlung häufig ineffektiv.

Der Tip: Mitgabe von tg-Schlauch Größe 1 oder anderem Baumwollschlauchverband von etwa 1 cm Breite. Dieser wird bei zurückgezogener Vorhaut doppelt um den Penis-schaft direkt hinter der Glans mit Schleife so zugebunden, daß der Vorfall der Vorhaut gerade verhindert wird, aber noch keine Abschnürung auftritt.

Der Effekt: Rasche Abtrocknung der Glans, Lokaltherapie mit Puder, Lösung oder Creme ohne Gefahr der Verklebung möglich, weniger mazerative Sekretion.

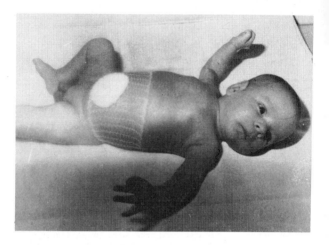

Netzverband statt Nabelbinde

von Dr. Dr. Friedrich Wetzel, Arzt für Allgemeinmedizin, Pöttmes

Das Problem: Störungen des Kreislaufs, der Atmung, der Verdauung und Erkrankungen der Haut beim Neugeborenen durch die bisher übliche Methode der Nabelversorgung mit einer Binde.

Der Tip: Fixierung des Nabelverbandes anstelle der Binde mit dem elastischen tg-fix-Netzverband (Lohmann) Größe E in einer Breite von 15 cm. Er schmiegt sich dem Säuglingsleib falten- und drucklos an.

Die Folge: Unruhe, orale Blässe, Speien und Protestgeschrei beim Säugling werden vermieden. Mutter, Vater und Kind haben endlich ihre Ruhe. Seit 12 Jahren bewährt.

Leistenbruch beim Kind:
Diagnose mit dem Luftballon

von Frau Dr. A. M. Hösli-Grooss, Zürich

Das Problem: Manchmal werden Kleinkinder mit Leistenbruch angemeldet für die Sprechstunde. Gerade im Augenblick der Untersuchung ist die Hernie öfters gar nicht sichtbar oder palpabel. „Husten" oder „pressen" sind Befehle, welche die Kleinen noch gar nicht ausführen können.

Der Tip: Ich habe immer eine Reihe lustiger, farbiger Luftballons in meiner Schublade. Ich bitte das Kind, einen Ballon so groß wie möglich aufzublasen. Jedes Kind hat Freude daran, und nach drei, maximal fünf Minuten intermittierendem Blasen wird die Hernie deutlich sichtbar.

Säuglinge:
Urintest ganz nebenbei

von Professor Dr. Rolf Heinrich, Kinderarzt, Grünwald bei München

Der Tip: Ich halte in meinen Behandlungszimmern jetzt neben der Wickelkommode immer Teststreifen (Combur 8 Test) zur Urinuntersuchung bereit. Wenn ein Säugling während der Untersuchung einnäßt, kann ich sofort einen Teststreifen in den entstandenen Urinsee legen und habe so in Abständen überwachende Kontrollen frischgelassenen Urins, ohne daß dabei ein Aufwand entsteht.

So tun Zäpfchen nicht weh

von Dr. Rudolf Jopen, Arzt für Allgemeinmedizin, Urfeld

Das Problem: Kinder lassen sich oft nur ungern Zäpfchen einführen.

Der Tip: Ich halte das Zäpfchen vor dem Einführen wenige Sekunden am After, so daß der vordere Teil durch die Körperwärme aufzuweichen beginnt. Dann führe ich es erst langsam ein.

Die Folge: Schmerzfreies Verabreichen von Zäpfchen ohne langes Suchen nach irgendeiner Gleitsalbe.

ASCHE AG
Arzneimittel mit Service

Nortase®
verdaut.

Natürlich.

Nortase®

Nortase®. Säurestabile Enzyme zur Behandlung der Verdauungsinsuffizienz. Zusammensetzung: 1 Kapsel enthält: 125 mg Rizolipase (Lipasekonzentrat aus Rhizopus arrhizus) entsprechend 7500 Einheiten nach Desnuelle, 100 mg Enzymkonzentrat aus Aspergillus oryzae entsprechend Proteasen 10 000 Einheiten nach Anson, Amylase 700 Einheiten nach FIP. Indikationen: Verdauungsstörungen durch Enzymmangel, z. B. bei Pankreasinsuffizienz, chronischer Pankreatitis, nach Magenresektion. Dosierung und Anwendungsweise: Im allgemeinen täglich 3 Kapseln auf die Mahlzeiten verteilt. In schweren Fällen Dosissteigerung. Kontraindikationen: keine. Nebenwirkungen: bisher nicht bekannt. Packungsgrößen und Preise: 20 Kapseln (N 1) DM 10,45; 50 Kapseln (N 2) DM 24,20; 100 Kapseln (N 3) DM 42,94. Weitere Angaben sind in dem für den Arzt bestimmten wissenschaftlichen Prospekt enthalten.

Hartnäckige Windeldermatitis: Mit Spray und Fön angehen

von Dr. G. Ruhrmann, FA für Kinderheilkunde, Reinbek

Das Problem: Behandlung einer hartnäckigen Windel-dermatitis mit Soorbesiedlung.

Der Tip: Wenn die Behandlung mit Nystatin*-Pasten oder anderen fungiziden Zubereitungen nicht zum Ziel führt, mache ich folgendes: Nach Säuberung der betreffenden Bezirke gründliche Pinselung mit 1%iger wäßriger Gentianaviolett-Lösung. Anschließend trockenfönen, gründliches Übersprayen mit einem filmbildenden Wund-spray, z. B. Nobecutan®. Sofortiges Abfönen zur raschen Trocknung dieses Films, der mindestens einen Tag Haften der Farblösung ohne Benetzung der Epitheloberfläche mit Stuhl und Urin gewährleistet. Am nächsten Tag Wieder-holung der Prozedur, bis nach mehreren Tagen eine fast reizlose Epitheldecke wieder erreicht ist. Anschließend kann eine Pastenbehandlung fortgesetzt werden, nachdem eine entscheidende Besserung oder ein Abheilen erzielt wurde.

* Siehe Präparate-Index Seite 284.

Windeldermatitis:
Das empfehle ich

von Dr. E. Bonnet, Facharzt für Kinderheilkunde, Reutlingen

Das Problem: Hartnäckige Windeldermatitis im Säuglings-alter.

Der Tip: Zwei- bis dreimal täglich baden, Windelhosen-bereich abtupfen, mit Fön gründlich trocknen. Säugling mit nacktem Unterkörper in den Laufstall oder ins Bett legen, unter eine Infrarotlampe, die an der Decke aufgehängt ist. Als Unterlage Schaumstoffmatte, eine Lage Zellstoff und drüber ein Molton. Dauer mindestens 3mal 20 Minuten.

Der Erfolg: Rasche Heilung, Stromkosten gering; Vorsicht, bei Klemmlampe Verbrennungsgefahr!

Tine-Test:
Das Männchen mit der roten Nase

von Dr. W. Kockmann, prakt. Arzt, Neukirchen

Das Problem: Beim Anlegen eines Tine-Tests bei Kindern gibt es Tränen, da der Stempel etwas kratzt.

Der Tip: Ich male um den Stempel nicht einen Kreis, sondern ein kleines Männchen mit dem Stempel als Nase

wie auf obenstehender Zeichnung und erkläre dem Kind, es müsse besonders aufpassen, ob das Männchen eine rote Nase bekommt oder nicht. Wenn ja, so müsse ich dies dringend sehen.

Die Folge: Die Kinder sind begeistert und verlangen in den nächsten Stunden sogar wieder ein Männchen, welches ich dann zur Unterscheidung mit Nase zeichne.

Tuberkulinprobe macht Spaß

von Dr. E. Bonnet, Facharzt für Kinderheilkunde, Reutlingen

Das Problem: Tuberkulose-Probe bei ängstlichem Kind.

Der Tip: Auf den rechten Unterarm male ich mit dem Kuli ein Gesicht. Als Bart trage ich den Ablesetag ein. Mit dem Tuberkulinstempel picke ich noch „vier Sommersprossen auf die Nase".

Das Ergebnis: Angstschwelle vor dem Test abgebaut, Ablesedatum wird nicht vergessen, Teststelle wird leicht gefunden.

So schmeckt sogar Antibiotikasaft

von Dr. L. Kunze, Ärztin für Kinderheilkunde, Allergologie, Prüm

Das Problem: Antibiotikaeinnahme in Saftform – sich sträubendes Kleinkind.

Der Tip: Saft unter Fruchteis untermischen lassen, die niedrige Temperatur läßt den ungewohnten Geruch und Geschmack des Medikaments zurücktreten – das Kind freut sich über die bekannte Leckerei.

Arznei für Kinder:
Ich koste vor

von Dr. E. Gruber, Kinderarzt, Berlin

Das Problem: Orale Medikamente oder Heilnahrung „speziell für Kinder".

Der Tip: Neben allen anderen Kriterien, die für die Verwendung eines bestimmten Medikamentes sprechen, nicht nur daran riechen und sich auf die Versicherung „geschmackskorrigiert" verlassen – selber probieren, gegebenenfalls auch den Pharmareferenten der betreffenden Firma dazu veranlassen. Das weniger scheußlich schmeckende (wirkstoffgleiche) Medikament ist wirksamer, weil es die Mutter dem Kind eher verabreicht (sie kostet nämlich) und das Kind es eher akzeptiert.

So schlucken Kinder brav

von Prof. Dr. Hans G. Schlack, Facharzt für Kinderheilkunde, Direktor des Früherkennungs-, Beratungs- und Behandlungszentrums für behinderte und entwicklungsgestörte Kinder, Bonn

Das Problem: Die orale Verabreichung von Medikamenten – in vielen Fällen günstiger als die rektale Applikation – stößt bei Kleinkindern oft auf Widerstand. Sie werden jedoch keine Mühe haben bei folgendem Vorgehen:

Der Tip: Sofern das Medikament in Tabletten vorliegt, wird es zunächst in Tee, Wasser oder Saft gelöst. Das Kind soll in leichter Rücklage gehalten werden. Führen Sie dann den Löffel mit der Arznei so zum Mund, daß die beiden oberen Schneidezähne im Löffel sind und die Löffelspitze den harten Gaumen berührt. Lassen Sie dann den Löffelinhalt am Gaumen entlang nach hinten laufen, der Schluck-vorgang wird danach reflektorisch ausgelöst. Nehmen Sie den Löffel erst dann aus dem Mund, wenn das Kind geschluckt hat.

Die Folge: Auf diese Weise kommt das Medikament kaum oder gar nicht mit den geschmacksempfindlichen Partien der Zunge in Berührung, und das Kind kann die Arznei auch nicht mit der Zunge nach außen befördern.

Mundsoor beim Säugling:
Pastille in den Schnuller

von Dr. Alexander H. Korte, Facharzt für Säuglings- und Kinderkrankheiten, Frankenthal

Das Problem: Einfache Handhabung bei Soor-Mykosen der Mundhöhle.

Der Tip: Soor-Mykosen in der Mundhöhle werden im Säuglingsalter durch Pinselungen oder durch Einnahme einer Suspension behandelt. Eine ausgezeichnete Verteilung des Antimykotikums in der Mundhöhle kann sehr leicht dadurch erreicht werden, daß eine pilzwirksame Pastille in den Schnuller eingelegt wird. Ein kleines Loch an der Saugerspitze gewährleistet dann ein langsames Austreten der Substanz und Verteilung in die Mundhöhle.

Die Folge: Problemlose Verabreichung und beste Wirksamkeit.

Blutentnahme bei Kindern:
Dann rufe ich meine kleine Tochter

von Dr. Helge Riegel, Arzt für Laboratoriumsmedizin, Wiesbaden

Das Problem: Blutentnahme bei Vorschulkindern!

Der Tip: Wenn möglich, rufe ich eine meiner Töchter (5 und 7 Jahre). Diese setzt sich dann auf den Entnahmestuhl, läßt sich von mir die Staubinde anlegen und erklärt währenddessen dem kleinen Patienten, wie ihm Blut entnommen werden soll.

Die Folge: Durch Verlagern des erklärenden Gesprächs auf die kindliche Ebene wird eine größere Vertrauensbasis geschaffen. Meist ist die anschließende Blutentnahme völlig problemlos.

Spritzenangst weg

von Dr. M. Walper, Vellmar

Das Problem: Angst vor der Spritze.

Der Tip: Zumindest Kindern habe ich alle Angst vor Injektionen genommen. Ich versprach ihnen, daß sie mich „ganz fest" am Ohrläppchen ziehen dürften, wenn's weh täte. Mit Freude faßten sie mein Ohrläppchen und gestanden oft genug: „Onkel Doktor, hat gar nicht wehgetan, aber ich hab' doch mal gezogen!"

So entnehme ich Blut beim Kleinkind

von Dr. E. Gruber, Kinderarzt, Berlin

Das Problem: Blutentnahme bei Säuglingen und Kleinkindern in der Praxis.

Der Tip: Dieses Verfahren hat sich bei uns bewährt:
1. Kind sitzt auf dem Schoß der Mutter.
2. Nur der „Doktor" nimmt Blut ab.
3. Blutentnahme am Handrücken aus der lateralen Vene. Linke Arzthand hält Patientenhändchen von unten.
4. Stauung durch die Helferin mit der Hand durch Umfassen des Patientenhandgelenkes von oben.
5. Verwendung einer weitlumigen Kanüle (Einser-Kanüle, wie beim Erwachsenen). Anschliff der Kanüle soll bei Punktion nach oben zeigen.
6. Blut nicht mit Spritze oder Venüle „abziehen", sondern frei aus der Kanüle tropfen lassen auf ein Uhrglasschälchen, in ein Zentrifugen- oder Senkungsröhrchen o. ä.

Der Vorteil:
- Venenwand wird nicht angesaugt,
- keine starre Verbindung zwischen Kanüle und Auffanggefäß bei strampelndem Kind, Vene bleibt heil,
- hat immer funktioniert.

Geschwister in der Sprechstunde: Auch gesunde Kinder beachten!

von Dr. Rüdiger Lorentzen, Kinderarzt, Hannover

Das Problem: In die Praxissprechstunde mitgebrachte (Geschwister-)Kinder fühlen sich „links liegengelassen", stören eventuell, wenn sie eifersüchtig auf sich aufmerksam machen wollen.

Der Tip: Auch wenn ich es eilig habe, wende ich mich zunächst an das gesunde mitgebrachte Kind und erkundige mich eingehend nach seinem Befinden. Außerdem frage ich es, warum das kranke Kind hier ist.

Die Folge: Mitgebrachte Kinder fühlen sich wichtig und mitverantwortlich und verstehen die nachfolgende Untersuchung des Patienten. (Eltern mißverstehen allerdings mitunter meine Zuwendung zum Nichtpatienten und beeilen sich, meinen „Irrtum" zu korrigieren in der Meinung, ich verschwende meine Zeit.)

Koordinationsstörung beim Kind hörbar gemacht

von Dr. Hansjörg Schneble, Rheinfelden-Herten

Das Problem: Oft ist es erforderlich, bei Kindern zur Aufdeckung leichter neurologischer Auffälligkeiten (z. B. im Rahmen einer leichten frühkindlichen Hirnschädigung) die feinmotorischen Leistungen der rechten und linken Hand zu überprüfen und miteinander zu vergleichen.

Der Tip: Mir hat sich dabei folgendes Vorgehen bewährt: Ich gebe den Kindern einen kleinen sogenannten Knackfrosch (aus Blech) in die Hand, wie er für wenige Pfennige in jedem Spielzeugladen erhältlich ist, und fordere sie auf, den „Knackfrosch" möglichst laut und in rascher Folge knacken zu lassen; dies wird anschließend mit der anderen Hand wiederholt.

Die Folge: So lassen sich leichte Koordinationsstörungen und/oder Seitenunterschiede zwischen rechts und links oft eindrücklich „hörbar" machen. (Und damit auch der kleine Patient mit dieser Art Testung zufrieden ist, sollte man nicht vergessen, ihm das „Prüfinstrument" als Geschenk zu überlassen!)

Fingernägel kauen:
Einfach Nagellack drauf

von Ilse Ruban, prakt. Ärztin, Tönisvorst

Das Problem: Kleine Patientin kaut Fingernägel.

Der Tip: Nagellack drauf! – Unsere 6jährige Tochter war jedenfalls sehr stolz auf dieses Schönheitsattribut und hat von ihrer Unart abgelassen. Ihre Bemerkung dazu zur Oma: das sei nicht nur für die Schönheit, sondern hielte auch warm!

Meine kleinen Patienten malen
fürs Wartezimmer

von Dr. Margret J. Schulz, Hautärztin, Marburg

Der Tip: Die Kinder in meiner Praxis malen seit Jahren Bilder für uns, die auf einer Pinnwand von
3 m x 2 m befestigt werden.

Die Folge: Verschönerung des Behandlungszimmers und Spaß für die Kinder.

Kindlicher Fieberkrampf:
Rat für junge Mütter

von Dr. E. Gruber, Kinderarzt, Berlin

Das Problem: Fast immer ist die Mutter eines Kindes mit einem Fieberkrampf ohne ärztlichen Beistand, „wenn der Anfall kommt".

Der Tip: Vorsorglicher Rat für Wiederholungsfälle:
● Kein Kind stirbt an einem Fieberkrampf, Ruhe bewahren.
● Atemwege frei machen, ohne Würgereflex auszulösen.
● Richtige Lagerung, Seitenlagerung, Kopf zur Seite.
● Notfallmedikamente (rektal), Diazepam®-Tube und Paracetamol®-Supp., bereithalten.
● Telefonnummern griffbereit haben: Hausarzt, Notdienst, Feuerwehr bzw. Krankentransport und nächstes (Kinder-) Krankenhaus.

Katheter für Kinder:
So sparen Sie Personal

von Dr. W. Callensee, Kinderarzt, Mainz

Das Problem: Beim Katheterisieren von unruhigen Kindern müssen neben dem Arzt oft 2–3 Personen helfen.

Der Tip: Die Hülle des Einmalkatheters wird an der Katheterspitze aufgeschnitten und einige cm zurückgestreift. Der Rest des Katheters bleibt in der Hülle, so daß der Urin hineinlaufen kann.

Die Folge: Es wird ein besonderes steriles Gefäß gespart, das eine zusätzliche Helferin halten müßte. Die Sterilität kann sicherer eingehalten werden. Der Urin kann aus der Katheterhülle unmittelbar auf den Nährboden gegeben werden und für die mikroskopische Untersuchung verwendet werden.

Bettnässen:
Mit 5 Quaddeln Impletol geheilt

von Dr. Dabisa Mioc, Herne

Das Problem der Bettnässer ist heute sehr groß. Bettnässen wird mit verschiedenen Mitteln behandelt und ist mit langwierigen Behandlungen bei einem Kinderpsychiater verbunden. Im übrigen gibt es nur wenige Kinderpsychiater in der Bundesrepublik Deutschland.

Der Tip: Eine einfache Verfahrensweise habe ich in meiner Praxis angewandt. Die Kinder bekommen in die Lumbalregion mit einer Kanüle Nr. 16 fünf Quaddeln Impletol®. Die Kinder weinen dabei etwas, sind leicht geschockt, aber mit der Bemerkung, wenn du morgen in deinem Bett trocken bist, brauchst du keine Spritze mehr, sind sie gleich danach beruhigt. Ich gebe zu, daß das ein leichter Schock und ein leichtes psychisches Trauma für das Kind ist. Die Bettnässer haben aber meistens noch stärkere Traumen erlebt, sonst wären sie keine Bettnässer.

 Dazu gab es Kritik:

„Sadistische Dressurmethode"

Der Autor des Tips gibt zu, einen „leichten Schock und ein leichtes psychisches Trauma" zu setzen, relativiert diesen Einwand aber damit, daß die Bettnässer ohnehin schon schwere psychische Traumen erlitten hätten. Nicht ersichtlich ist das Procedere bei Mißerfolg. Spritzt der Autor größere Volumen oder nimmt er eine dickere Nadel? Jedenfalls könnte der Schock für das Kind dann „mäßig" oder gar „schwer" sein. Meine folgenden Fragen an die Leserschaft:

● Würden Sie eine solchermaßen sadistische Dressurmethode an Ihrem eigenen Körper zulassen, falls Sie z.B. an Ejaculatio praecox leiden würden?

● Würden Sie sich für Ihr bettnässendes Kind wehren?

● Warum berichtet der Erfinder dieser Methode nicht darüber, daß Kinder oder Eltern die Spritze verweigern? Dies wohlgemerkt, ohne daß die Eltern vom Arzt irgendwie psychisch unter Druck genommen werden, im Gegensatz z.B. zu einem Schießbefehl im Krieg...

Dr. Jean Berner
Arzt für Allgemeinmedizin FMH, CH-Dietlikon

Bettnässen:
Aus der Mücke einen Elefanten gemacht

Hier wollte Herr Kollege Mioc einen Tip bekanntgeben, der in seiner Einfachheit und von ihm geschilderten Wirksamkeit einfach hinschlagend wäre, wenn es sich tatsächlich um eine signifikante Anzahl von auf Dauer erfolgreich behandelten Fällen handeln würde. Diesen, von Herrn Mioc durchaus wohlgemeinten Tip, der von Ärzten, unnötig zu sagen, mit dem nötigen Feingefühl durchzuführen ist, als sadistisch, haarsträubend und mittelalterlich hinzustellen, ist beleidigend, entbehrt jeder Objektivität und ist als Kritik unstandesgemäß. Bleiben wir doch auf dem Boden der *schlichten Tatsachen und Wissenschaftlichkeit. Die Methode des Herrn Mioc ist nichts anderes als ein neural- therapeutischer Eingriff. Durch das harmlose und bei gekonnter Ausführung kaum spürbare Setzen einiger Quad- deln mit einem Lokalanästhetikum erfolgt der vielgeübte Stoß in das Vegetativum, dessen Wirksamkeit sich auch bei anderen, nicht immer pathologisch-anatomisch faßba ren Erkrankungen längst erwiesen hat. Man sollte den wohlgemeinten und bei Wirksamkeit für die betroffenen, unter ihrem Leiden nicht wenig gequälten Kinder oder Jugendlichen segensreichen Tip wohlwollend prüfen oder auch nicht, und nicht seitens jugendpsychiatrischer und psychologischer Zentren, die zum Teil den Daumenab- schneider in Hoffmanns Struwwelpeter unverständlicher- weise noch „ganz nett finden", mit wenig Gespür für Realität aus der Mücke einen Elefanten machen. Die von Herrn Kollegen Mioc behandelten Kinder, wenn es viel- leicht auch nur einige sind, sind, wie er sagt, jedenfalls ge- heilt und erfreuen sich ihres Lebens. Der Rest kann immer noch die Zentren aufsuchen. Ob deren Methoden dann we- niger belastend und umständlich sind, dürfte sodann den Betroffenen und deren Eltern bald klar werden.*

Dr. K. Gassen, Arzt für Arbeitsmedizin, Koblenz

und wo bleibt Ihr Tip?

Postkarten
finden Sie am Ende des Buches

Alles ums Spritzen

Schmerzlose Injektion:
Auf den richtigen Winkel kommt's an

von Dr. Michael M. Kochen, Medizinische Poliklinik, Universität München, München

Das Problem: Manche Patienten klagen immer wieder über schmerzhafte Nadeleinstiche bei Blutabnahmen und intravenösen Injektionen.

Der Tip: Da beim Nadeleinstich vor allem die gut innervierte Epidermisschicht schmerzt, muß die Länge der durchstochenen Hautstrecke verkürzt werden. Dies wird erreicht, wenn man beim Einstich den Winkel zwischen Nadel und Vene nicht unter 45° (noch besser unter 60°) absinken läßt. Man geht also steil mit der Nadel ein und sobald deren Spitze in der Vene liegt, senkt man die Spritze und schiebt die Nadel (jetzt flach, praktisch parallel zur Vene) noch ein Stückchen vor.

Die Folge: Die Patienten verlieren die Angst vor „der Spritze".

Den Patienten ausgetrickst...

von Dr. Klaus Kothe, Weiden i. d. Opf.

Das Problem: Eine beabsichtigte glutäale Injektion kann zu einer Irritation und/oder Verkrampfung des betroffenen Patienten führen.

Der Tip: Vor allem bei jüngeren Patienten beantworte man Fragen des Patienten, in welche Gesäßbacke eine Injektion beabsichtigt sei, damit, daß er sich überraschen lassen solle. Ich berühre bei auf dem Bauch liegendem Patienten zuerst kurz mit der linken Hand seine linke Gesäßbacke und injiziere fast gleichzeitig in die rechte Gesäßbacke.

Der Erfolg: Der Patient verkrampft nur die linke Gesäß-backe, die rechte dagegen ist frei und in sie kann leicht injiziert werden, da der Patient überrascht bzw. ausgetrickst wurde. Dies wurde mir bisher noch von keinem Patienten übelgenommen.

Drücken verdeckt Injektionsschmerz

von Dr. Peter Hochsieder, Medizinaldirektor, Nürnberg

Das Problem: Schmerzlose Glutäalinjektion.

Der Tip: Mit Desinfektionstupfer rhythmisch über Einstich-stelle fest drücken. Nach dem vierten Mal injizieren und nochmals drücken.

Die Folge: Kein Injektionsschmerz.

Injektion ins Gesäß:
So tut's nicht weh

von Dr. Günther Portzky, Arzt für Allgemeinmedizin,
Facharzt für Anästhesie, Augsburg

Der Tip: Eine intraglutäale Injektion wird überhaupt nicht
verspürt, wenn Sie den Patienten vorher bitten, sein Eigen-
gewicht auf den nicht beteiligten, anderen Fuß zu verlagern: So ist die Glutäalmuskulatur locker und nicht
verspannt und es bedarf jetzt nur des kurzen, raschen
Einführens der Injektionsnadel, welche ebenso schnell,
nach Eingabe des Mittels, wieder entfernt wird.

Das Ergebnis: Die Patienten wundern sich öfters, daß die
Injektion „schon vorbei" ist, während sie auf das scheinbar
schmerzvolle Erlebnis noch gefaßt warten...

Schmerzlose Injektion:
Die Handkante voran

von Dr. Robert Müller, Arzt für Allgemeinmedizin, Eichstätt

Das Problem: Intramuskuläre Injektion bei Kindern oder
auch ängstlichen Erwachsenen.

Der Tip: Ich lasse die Patienten zur Entspannung der
Glutäalmuskulatur flach auf dem Bauch liegen. Dann nehme ich die Spritze wie einen Kugelschreiber in die Hand,
schlage beim sehr schnellen Einstich mit der ulnaren
Handkante zuerst auf den Glutäus, bevor bei der leicht
bogenförmigen Bewegung die Nadel eindringt.

Die Folge: Vom Patienten wird nur der kleine dumpfe
Schlag mit der Handkante verspürt.

Angst vor der Spritze:
Patient soll schreien

von Dr. K. Ofteringer, Arzt, Laufenburg

Das Problem: Injektionen bei ängstlichen Patienten.

Der Tip: Ich zeige dem Patienten die Spritze. Dann zeige ich ihm, wohin gespritzt wird und sage ihm, daß er den Einstich spüren wird. Was er dabei spüren wird, demonstriere ich ihm, indem ich ihn an der Injektionsstelle leicht kneife. Darauf fordere ich ihn auf, laut zu schreien, wodurch er so abgelenkt ist, daß er den Einstich gar nicht wahrnimmt.

Die Folge: Die Reaktion hinterher ist meist die erstaunte Frage, ob das alles war, und meist ist die Angst vor Spritzen weg.

Schlechte Venen:
So tasten!

von Dr. M. Walper, Vellmer

Das Problem: Wo ist eine unsichtbare Vene versteckt?

Der Tip: Meine Fingerkuppen haben ganz verschiedene Tastsensibilität. Bei „schlechten" Venen hilft mir die Kuppe des linken Ringfingers am besten! Mal ausprobieren!

Schlechte Venen: Nitrospray hilft

von Dr. Hans Schönfeld, Arzt für Allgemeinmedizin, Verden

Das Problem: Patienten mit schlechten Venen, die über längere Zeiträume täglich i. v. Injektionen benötigen bzw. bei denen häufig Blut abgenommen werden muß.

Der Tip: Die Patienten werden angewiesen, ca. 1 Stunde vor der Injektion auf das entsprechende Injektionsgebiet 1–2 Sprühstöße TD Spray ISO Mack zu sprühen. Dies führt zu einer guten Venenerweiterung. Das Spray ist viel wirksamer als 2%ige Nitroglycerinsalbe, die vorher zur Venenerweiterung angewandt wurde. Durch konsequente prophylaktische Applikation des Sprays wird erreicht, daß sich zahlreiche bis dato relativ kleine Hautvenen soweit erweitern, daß sie für spätere Injektionen zur Verfügung stehen. Die Verträglichkeit des Sprays ist gut. Nur zu Beginn der Behandlung kann es zu Flush kommen.

Der Vorteil: Fehlpunktionen mit ihren unangenehmen Folgen werden vermieden. Langes Suchen nach Venen, die für die Punktion geeignet sind, entfällt.

Schlechte Venen:
Arme unter Händetrockner

von Dr. Burkhard Müller, Arzt für Allgemeinmedizin, Meschede

Das Problem: Schlecht zu findende Venen bei i. v. Injektionen (in der kalten Jahreszeit besonders häufig).

Der Tip: Das vom Krankenhaus gewohnte Baden in warmem Wasser ist in der Praxis umständlich. Es geht wesentlich einfacher und mit besserem Effekt, wenn man die Patienten 2mal unter einem elektrischen Händetrockner Hände und Unterarme wärmen läßt. Verdunstungskühle wie nach warmem Baden entsteht nicht.

Schlechte Venen:
Arme ins Wasser

von Dr. Marianne Beyerle, prakt. Ärztin, München

Das Problem: Blutabnahme oder Injektion bei schlechten Venen.

Der Tip: Ich setze den Patienten an ein Waschbecken und lasse beide Arme in warmes Wasser legen. Inzwischen kann ich einen anderen Patienten versorgen.

Die Folge: Fast immer kommen die Venen gut zur Darstellung. Der geringe Zeitaufwand lohnt sich sehr.

Schwierige Venen:
Das ist mein Geheimnis...

von Dr. Klaus Franke, Innere Krankheiten, Badearzt,
Bad Teinach

Das Problem: Intravenöse Injektion bei schwierigen Venenverhältnissen.

Der Tip: Für i. v. Injektionen ebenso für Blutabnahmen
benutze ich nach wie vor die guten alten Glasspritzen mit
Metallkonus. Ihr großer Vorteil gegenüber den Einmalspritzen aus Kunststoff besteht darin, daß der Kolben so leicht
läuft, daß er auch vom venösen Blutdruck nach oben
gedrängt wird. Sobald die Nadel in der Vene liegt, strömt
deshalb das Blut automatisch in die Spritze, ohne daß ich
erst den Kolben anziehen muß und dabei vielleicht die
Nadellage schon wieder verändere.

Die Folge: Überweisungspatienten sind immer wieder
überrascht, wie leicht es mir gelingt, die Vene zu finden,
während sie gewohnt sind, daß andernorts lange danach
gesucht wird und sie viele Einstiche erleiden müssen. Die
Glasspritzen werden bei uns mit dem Autoklaven sterili-
siert, was noch den umweltfreundlichen Vorteil hat, daß
sehr viel weniger Abfall durch Einmalspritzen anfällt.

 Dazu gab es Kritik:

Vertrauen Sie Ihrem Fingerspitzengefühl

Liebe Kollegen, warum mit dem Bihänder der
Pravazspritze mit dem schweren Metallkonus an die armen
unschuldigen Venen herangehen? Vertrauen Sie doch

*Ihrem Fingerspitzengefühl. Mit einer Einmalkanüle, leicht
zwischen Daumen und Zeigefinger gefaßt, können Sie
selbst die kleinsten und dünnsten Venen erreichen, wenn
Sie sie vorsichtig ins Gewebe schieben. (Selbst eine
Einmalspritze von 2 ccm ist dabei gewichtsstörend.) Ich
nehme dazu am liebsten die Einerkanüle, weil man bei
ihrem gelben Konus das Austreten des Blutes schneller
erkennt als bei einer Zweier- (grün) oder Zwölfer-
(schwarzer Konus) Kanüle. Also: Verlassen Sie sich auf
Ihr Fingerspitzengefühl. Nur Mut, Collegae!*

Dr. H. Schultze, Arzt für innere Krankheiten, Stuttgart

Schlechte Venen:
Wenn ich mal danebensteche...

von Dr. Gernot Musebrink, Arzt für Allgemeinmedizin,
Ober-Mörlen

Das Problem: Paravasale Punktion bei schwierigen Venen-
verhältnissen und gerade noch zu tastender („ahnender")
Vene im Kubitalbereich eines Armes bei noch schlechteren
Venenverhältnissen am anderen Arm.
Übliche Konsequenzen:
1. Punktionsstelle wird beibehalten, und bei der Suche
nach der entglittenen Vene wird „herumgestochert".
Folge: Starke Schmerzen und immer „länger werdendes
Gesicht" beim geplagten Patienten, da dieser die

Insuffizienz und/oder Not des Doktors durchschaut.
2. Herausziehen der Nadel und nach Kompression der
Punktionsstelle erneutes Stauen desselben Armes (da wie
oben beschrieben der andere Arm bzgl. Venenverhältnisse
völlig „desolat"). Dann neuer Punktionsversuch. Folge: Bei
erneutem Stauen unweigerlich Blutung mit Ausbildung
eines Hämatoms an der ersten Punktionsstelle.
Hämatombildung kann während des ganzen erneuten
Stauungsvorganges bis zur erfolgreichen zweiten Punktion
und der Abnahme des Stauschlauches verfolgt werden.
Danach riesiges Hämatom als Souvenir vom Hausarzt.

Der Tip: Bei versehentlicher paravasaler Punktion
Belassen der Punktionskanüle an der ursprünglichen Stelle, Entfernen der Spritze und erneuter Einstich mit zweiter
Kanüle an einer günstigeren Stelle der Ellenbeuge (oder
distaler Unterarm). Erst nach Blutentnahme oder Injektion
beide Kanülen gleichzeitig entfernen und Stelle komprimie-
ren (dabei Arm über den Kopf heben). Vorteil: Bei nicht
vorausgegangenen Stocherversuchen keine Hämatombildung, keine größere Verletzungsgefahr, Minimum an
Schmerzen. Patienten empfinden dieses Vorgehen in Ana-
logie zur akupunkturähnlichen Vorgehensweise weniger
als Mißgeschick des Arztes! Zusatz: Bei unsicheren „Punk-
teuren" kann man auch das „Setzen von drei Nadeln"
tolerieren, denn diese hierdurch verursachten Punktions-
schmerzen sind minimal im Vergleich zu den Schmerzen,
die durch unsicheres Herumstochern in der Kubitalregion
provoziert werden!

Blutabnahme:
Patient soll liegen

von Dr. Maria M. Abele, Ärztin für Kinderkrankheiten, Werl

Das Problem: Blutentnahmen und Injektionen bei Kindern.

Der Tip: In meiner Praxis werden grundsätzlich alle Blutentnahmen und intravenösen Injektionen beim liegenden Patienten durchgeführt, auch bei Erwachsenen im allgemeinen Notdienst. Letztere sind anfangs nicht geneigt dazu, weil sie es offensichtlich nicht gewöhnt sind. Die Methode hat sich aber bewährt.

Die Folge: Bei Kindern (und auch oft bei Erwachsenen) gelingt die Venenpunktion fast immer problemlos, auch bei Säuglingen und sehr schlechten Venen. Außerdem habe ich nie einen Kollaps erlebt, wie er ja immer mal wieder bei einer Blutentnahme vorkommt.

Blutabnahme:
Bei mir gibt's kein Hämatom

von Dr. Ulrich Zwadlo, Facharzt für innere Medizin, Würselen

Das Problem: Immer wieder sehe ich subkutane Hämatome nach Venenpunktionen im Kubitalbereich, obgleich doch „sogar ein Pflaster aufgeklebt war". Und gerade letzteres verhindert ja nicht, begünstigt eher aufgrund einer nur scheinbar sicheren Versorgung die Nachblutung.

Der Tip: Nach Injektion oder Blutentnahme für mindestens 5 Minuten maximale Beugung des Ellenbogengelenkes mit eingelegtem Tupfer und ohne dazwischen gehaltenem, vielleicht falsch plaziertem Finger der anderen Hand. Die Helferinnen haben die Belehrung und Überwachung schnell im Griff.

Die Folge: Auch bei marcumarisierten Patienten gibt es dann keine „Veilchen", wie ich seit 20 Jahren beobachten kann.

✉ Dazu gab es Kritik:

2 bis 4 Minuten den Arm hochhalten

Nach Injektion oder Blutentnahme für 2 bis 4 Minuten den betroffenen Arm so hochhalten, daß unter Ausnützung des hydrostatischen Effektes die Venen kollabieren können. Unterstützend kann ein Tupfer leicht auf die Punktionsstufe gehalten werden.
Die Folge: Zufriedene Patienten, die erfreut sind, daß es auch ohne ermüdende Bizepskontraktionen hämatomfreie Punktionen gibt.

Prof. Dr. E. Basar, Institut für Physiologie, Medizinische Hochschule Lübeck, Lübeck

Arm strecken, nicht beugen

von Dr. E. Diestelkamp, Facharzt für innere Krankheiten, Recklinghausen

Das Problem: Vermeidung von Hämatomen nach Blutentnahme oder Injektion.

Der Tip: Nach i.v. Blutentnahme oder i.v. Injektion oder Infusion nicht den Arm im Ellenbogen beugen lassen, wie es überall gehandhabt wird, sondern Tupfer auf locker gestrecktem Arm leicht drücken und Arm etwas hoch halten.

Die Folge: So kann das Blut besser abfließen und wird nicht durch die Beugung des Armes im Ellenbogengelenk regelrecht gestaut. Somit lassen sich Blutaustritte und ein Hämatom, das ja sehr stört und oft auch schmerzhaft ist, vermeiden.

So befestige ich Verweilkanülen

von Thomas Schorsch, Assistenzarzt, Kinderkrankenhaus Neukölln, Berlin

Das Problem: Die Befestigung von Abbocath-Verweilkanülen

Der Tip: Eine relativ sichere Methode ist folgende: Man schneidet zwei Pflasterstreifen keilförmig ein und legt den Keil um den Konus der Kanüle. Die Keilspitze zeigt nach distal. Den zweiten Streifen legt man jetzt, die Klebefläche nach oben weisend, die Keilspitze wieder nach distal, unter den Konus und schlägt den Streifen dann über Kreuz um den Konus. (Es ist einfacher, als es zu erklären ist.)

Den ersten Pflasterstreifen quer über die Kanüle kleben, der Keil spart den Konus aus.

Zweiten Pflasterstreifen mit der Klebefläche nach oben unter den Konus führen (Keilspitze zeigt nach distal).

Den zweiten, längeren Streifen schleifenartig um den Konus führen und über Kreuz aufkleben.

✉ Dazu gab es Kritik:

So geht es noch einfacher

Dasselbe kann man auch mit nur einem Pflasterstreifen erreichen (Breite ca. 6 cm). Man versieht die Mitte mit einem ca. 2 cm langen Schlitz parallel zur Pflasterlänge und stülpt das Ganze über den Konus! (Siehe Abb. 1a und b). Die Weitung oder Schlitzung erfolgt mit einer spitzen Schere oder Skalpell, indem man die eine Pflasterseite nach Abtrennung von der Rolle an der Tischkante kurz anheftet und die andere Kurzkante mit der eigenen Hand anspannt. So läßt sich auch jede Pflasterlänge leicht abmessen. Die Methode eignet sich auch hervorragend für Flügel-(Butterfly-)Kanülen, wobei die Infusionslösung selbstverständlich erst nach Pflasterfixierung an die liegende Nadel angekuppelt wird (siehe Abb. 2).

Dr. Günther Portzky, Arzt für Allgemeinmedizin, Facharzt für Anästhesie, Augsburg

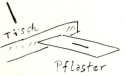

A = erster Kanülenzugang;
B = zweiter Kanülenzugang zur Ankupplung von Infusionen;
C = Pflasterfixation.

Abb. 1a

Abb. 1b

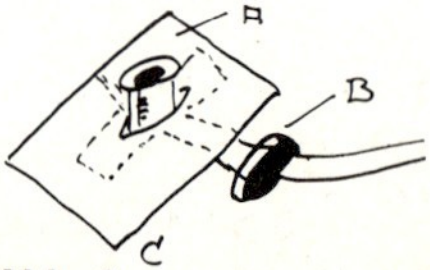

Abb. 2

Wenn das Medikament brennt

von Dr. Friedrich Männlein, Arzt für Allgemeinmedizin, Kronach

Das Problem: Plötzlicher heftiger Schmerz im Oberarm bei intravenöser Injektion von konzentrierten Medikamenten.

Der Tip: Sofort den Kolben zurückziehen bis zum Anschlag. Damit wird Venenblut aspiriert und die Lösung verdünnt.

Der Erfolg: Sofort schmerzfreie i. v. Injektion

Lokalanästhesie: Kanüle im Stichkanal liegen lassen

von Dr. Klaus Holzegel, Facharzt für Dermatologie und Venerologie, Wunstorf

Das Problem: Bei Lokalanästhesie kommt es, speziell im Bereich der Augenlider, der Nase und Hände, nach dem Herausziehen der Kanüle zu Blutungen aus dem Stichkanal, besonders Patienten betreffend, die noch „einen Moment" unbeaufsichtigt bleiben.

Der Tip: Die Kanüle im Stichkanal belassen und nur die Spritze abnehmen, bis der Eingriff ausgeführt wird.

Die Folge: Kein unerwünschter Blutaustritt aus der Einstichstelle der gesetzten Lokalanästhesie.

Infiltrationsbehandlung:
Bei mir geht's ganz flott

von Dr. Uwe Amian, Arzt für Orthopädie, Büren

Das Problem: Injektionen in der Praxis. In der orthopädischen Praxis wird relativ viel lokal infiltriert. Um nach der Entscheidung für eine Spritze nicht zu lange auf das Aufziehen durch die Helferin zu warten, habe ich folgende Lösung in meiner Praxis getroffen.

Der Tip: Es liegt immer ein Tablett fertig mit 3 verschiedenen aufgezogenen Spritzen und verschiedenen Kanülen. Auf dem Tablett ist auch die Art des Medikaments noch einmal durch einen Zettel markiert. Trotzdem ist aber eine Verwechslung schon aus dem Grunde nicht möglich, weil auch die Kanülen variieren. Es liegen bereit 2 ml Lidocain* mit einer 20er Nadel (0,4 x 21) für intrakutane Quaddeln. 2 ml Xylonest® mit einer Nadel 1 (0,9 x 38), hier ist bei Bedarf auch Zusatz einer geringen Kortikoidmenge möglich. 5 ml Xyloneural® mit einer Kanüle 1 oder einer etwas längeren (0,9 x 55), hier kann man in die Tiefe der Muskulatur auch paravertebral, an den Trochanter und an ähnliche Punkte infiltrieren. Immer, wenn ich eine Spritze gebraucht hatte, wird sie, während ich den nächsten Patienten behandele, von der Helferin wieder ergänzt.

* Siehe Präparate-Index Seite 284.

Gelenkpunktion:
So ziele ich

von Dr. Harald Altrogge, Arzt, Bonn-Oberkassel

Das Problem: Verbesserung der Treffsicherheit bei gezielten artikulären oder Schmerzpunkt-Injektionen.

Der Tip: Ich drücke mit meiner Kugelschreiberhülle auf den „Punkt", an dem ich injizieren will. Nach Desinfektion entsteht durch sekundären Dermographismus ein roter Kreis, in dessen Zentrum mein Injektionspunkt sich wiederfindet.

Der Vorteil: Keine „Tintenschmiere" nach Desinfektion, steriles Op.-Feld, exakte Zentrierung der Injektionsstelle. Nachteil: keiner.

Hyposensibilisierung:
So geht's unter die Haut

von Dr. J. Krischick, Hautarzt, Schwäb. Gmünd

Das Problem: Eine versehentlich intravasale Injektion einer Hyposensibilisierungslösung kann lebensbedrohliche anaphylaktische Reaktionen auslösen. Durch Aspiration kann eine intravasale Lage der Nadelspitze nicht gänzlich ausgeschlossen werden, zumal sich dabei die Nadelspitze verschieben kann.

Der Tip: Die Haut mit dem subkutanen Fettgewebe in Höhe der Nadelspitze fest zwischen Daumen und Zeigefinger zusammendrücken.

Die Folge: Durch die injizierte Hyposensibilisierungslösung dehnt sich das Fettgewebe aus, was in der Regel deutlich zu tasten ist. Eine intravasale Injektion ist somit praktisch ausgeschlossen. Bei diesem Vorgehen habe ich nie systemische Nebenreaktionen erlebt.

Helferinnen entlassen:
Ich ziehe Spritzen selbst auf

von Dr. Fredo Vissering, Arzt für Allgemeinmedizin,
Eppingen

Das Problem: Weniger Patienten, Entlassung von
Helferinnen, Spritzen zieht der Arzt selber auf.

Der Tip: Ich habe die häufig gebrauchten Ampullen in einer
meiner Schreibtischschubladen (leichtgängiger Teleskop-
auszug) untergebracht, dazu Spritzen, Kanülen und Tupfer.
Zum Aufsägen habe ich mir im Fußraum unter der Schreib-
tischplatte einen Cup-Fix (Ampullensäge mit
Auffangvorrichtung für die Ampullenkuppe) montiert.

Die Folge: So habe ich alles, was ich brauche, in Reich-
weite und kann die Spritzen buchstäblich im Hand-
umdrehen aufziehen.
PS: Brechampullen lassen sich oft sehr schlecht brechen.
Ich ritze deshalb jede Brechampulle vorsichtshalber an –
das Cup-Fix ist ja in Reichweite – und habe keine
Probleme mehr mit zerdrückten Ampullen und verspritzten
Kitteln.

und wo
bleibt
Ihr Tip?

Postkarten
finden Sie am Ende des Buches

Kleine Chirurgie

Überbein:
Es geht auch ohne Operation

von Dr. T. Galas, Arzt für Chirurgie, Köln

Das Problem: Nichtoperative Behandlung des Überbeins (Ganglion).

Der Tip: Unter sterilen Kautelen wird mit einer dünnen Nadel eine Quaddel zur Anästhesie der Haut angelegt. An dieser Stelle Punktion mit einer dicken Nadel und Absaugen des Ganglioninhaltes, danach Instillation von 1 ml Kinetin® (Hyaluronidase), sterile Gaze, Druckverband für 2–3 Tage.

Die Folge: Guter Erfolg beim größeren und „einkammerigen" Ganglion und bei Lokalisation in Handgelenknähe. Ein Rezidiv ist – wie auch nach Operationen – möglich.

8

Panaritium parunguale:
So vermeide ich die Operation

von Dr. Johannes Borowski, Arzt für Allgemeinmedizin, Delmenhorst

Das Problem: Panaritium parunguale der Hand- oder Fußnägel durch unsachgemäße Pflege, z. T. mit Bildung von wildem Fleisch. Der Patient hat starke Schmerzen – und Angst vor Op.

Der Tip: Wattebausch mit Albothyl-Konzentrat®, satt durchtränkt, auf die entzündete Stelle, darüber breiten Pflasterverband.

Die Folge: Spätestens am 2. Tag schmerzfrei, in einer Woche meist völlig abgeheilt. Bei Damen cave Perlonstrümpfe: sie werden zerfressen.

Pflaster gegen Panaritien

von Prof. Dr. Gerhard Schwarz, Arzt für Allgemeinmedizin,
Naturheilverfahren, Hochschullehrer für Sportmedizin i. R.,
Göttingen

Das Problem: Beginnendes Panaritium, beginnende
Entzündung durch Stich oder kleinen Fremdkörper.

Der Tip: All diese Fälle behandle ich seit Jahren, indem
ich ein Stück Heftpflaster (Leukoplast) darüberkleben lasse.
Im Durchmesser soll das Stück Leukoplast ca. 1 cm größer
als die beginnende Entzündung (Rötung) sein. Dann soll
das Pflaster alle 1–2 Stunden angefeuchtet werden (an den
Händen z. B. durch Händewaschen). Ist das Pflaster
unansehnlich geworden, wird ein neues aufgeklebt. Nachts
kann das Befeuchten ausgesetzt werden.

Die Folge: In 24–36 Stunden ist die Entzündung
abgeklungen.

Dekubitus:
Salbe per Spritze!

von Dr. Lüder Temmen, Arzt für Allgemeinmedizin, Jever

Das Problem: Bei Decubita dringt die Salbe häufig nicht in Wundtaschen, da diese nicht mit den Salben zu erreichen sind.

Der Tip: Spritze „entkolben", Salbe einfüllen, Kolben drauf.

Die Folge: Sparsamer Salbenverbrauch, wenn die Wunde mit der „Spritz-Salbe" bestrichen wird. Auch ohne Kanüle Erreichen von tiefen Wundtaschen möglich.

So bleibt die Salbe auf der Wunde

von Dr. Lüder Temmen, Arzt für Allgemeinmedizin, Jever

Das Problem: Salben können unter Verbänden häufig nicht ihre volle Wirkung entfalten, da sie von diesen aufgesogen werden.

Der Tip: Salbe auftragen, dünne durchsichtige Haushaltsfolie drüber, dann erst Verband.

Die Folge: Somit ist der Verband als Störfaktor für die Salbe ausgeschaltet.

Verbandwechsel ohne Schmerz

von Dr. Siegfried Gutjahr, Arzt für Allgemeinmedizin,
Wadern

Das Problem: Schmerzloser Verbandwechsel.

Der Tip: Hand- und Fingerverbände lassen sich bei Kindern
und Jugendlichen besser in einem warmen Handbad – mit
und ohne Zusatz eines Desinfektionsmittels – abnehmen,
wobei ältere Kinder oft gern selbst mithelfen und die
Kinder durch diese Methode leichter ablenkbar sind.

Verbandwechsel:
So geht's schmerzlos

● von Dr. Erhard Britz, leitender Arzt des Sanatoriums Friedborn, Bad Säckingen

Der Tip: Die Wundheilung wird erleichtert und außerdem läßt sich der Verbandwechsel weitgehend schmerzlos gestalten, wenn man die unterste, also wundnahe Mullage auf der Wunde beläßt. Die oberen Schichten lassen sich dabei leicht gegen die unterste abziehen. Außerdem wirkt die unterste Schicht der Mullkompresse bei einer nicht infizierten, nicht eitrigen Wunde als zusätzlicher Heilreiz.

● von Dr. E. Grob, CH-Wil SG

Das Problem: Schmerzloser 1. Verbandwechsel nach Wundversorgung.

Der Tip: Nicht alle Gazeschichten auf einmal entfernen, sondern die letzte Schicht gespannt festhalten und am Schluß sorgfältig abziehen.

Die Folge: Kein Schmerz oder Blutung, da nur noch ein Fadengitter leicht haftet.

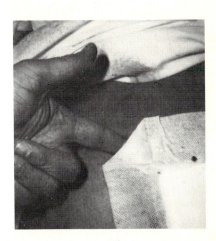

Pflasterverband:
So geht er leichter ab

von Dr. Bernd Warkentin, geburtsh.-gynäk. Abteilung, Städt. Krankenhaus, Lörrach

Das Problem: Die Entfernung eines Pflasterverbands, der auf der Haut fest haftet, ist in der Regel mit Schwierigkeiten verbunden. Meist versucht man, mit einem Fingernagel an einer Ecke unter das Pflaster zu kommen und es dort zunächst „abzuknippeln". Für den Patienten ist diese Manipulation unangenehm oder gar ausgesprochen schmerzhaft.

Der Tip: Man sollte bereits beim Aufbringen des Pflasters an die Notwendigkeit seiner Entfernung denken. Diese ist einfacher, wenn man vor dem Aufkleben mit dem Pflaster eine Art „Lasche" bildet, indem man das Ende (bei Pflasterstreifen) oder eine Ecke (bei flächigen Pflasterverbänden) zur Klebeseite hin umbiegt und rückseitig verklebt. Beim gelegten Pflasterverband verbleibt unter der umgeklebten Ecke eine dreieckige Fläche, wo das Pflaster nicht an der Haut haftet. An dieser Stelle kommt man mit Finger oder Pinzette leicht zwischen Haut und Pflaster und kann dieses entfernen.

Die Folge: Die Ablösung des Pflasters geht schmerzfreier, einfacher und schneller. Ein Nachteil der Laschenbildung soll nicht unterschlagen werden: Die Lasche bildet einen gewissen Angriffspunkt für mechanische Einwirkungen, welche das Pflaster früher als vorgesehen ablösen können.

Verbandwechsel erleichtert

von Peter Mezirek-Raab, Arzt, Neckarwestheim

Das Problem: Bei kleineren offenen Wunden, etwa bei Ulcera cruris, Abszessen etc., macht die Wundreinigung mit flüssigen Antiseptika oder anderen Flüssigkeiten anläßlich des Verbandwechsels oft Probleme, da die überschüssige Flüssigkeit vom Körperteil herabrinnt und oft das Krankenbett beschmutzt (besonders bei gefärbten Flüssigkeiten).

Der Tip: Man schneide (möglichst steril) in eine Gazeplatte ein Loch in der Größe der Wunde, rahme diese mit der so hergestellten Platte ein. Überschüssige Flüssigkeit wird ohne weiteres Zutun selbsttätig aufgesaugt.

Die Folge: Keine unnötig benetzte Patientenhaut, saubere Krankenbetten, dankbare Krankenschwestern!

Aufschneiden von Verbänden:
Spatel drunter!

von Dr. R. Ziegler, Arzt für Allgemeinmedizin, Wendeburg

Das Problem: Das Vorschieben der Verbandsschere bei enganliegenden Verbänden an Extremitäten kann manchmal für den Patienten schmerzhaft sein.

Der Tip: Vorher Einschieben eines Mundspatels und anschließendes Aufschneiden des Verbandes über dem Spatel.

Blutige Verbände schmerzlos entfernt

von Dr. T. Galas, Köln

Das Problem: Schmerzlose Entfernung von blutigen, eingetrockneten Verbänden.

Der Tip: Der erste Verband nach stark blutenden Wunden an den Fingern oder Zehen kann leicht und schmerzlos entfernt werden, wenn man den Verband mit 3%iger Wasserstoffsuperoxid-Lösung erweicht.

✉ Dazu gab es Kritik:

Wundverband:
Erst mal 10 Tage drauf lassen

Erstverbände sollten im allgemeinen mindestens 10 Tage nicht gewechselt werden: dann ist frühestens die Wunde geschlossen, solange aber braucht sie den Verband als Ersatzdecke, die nicht durch Verbandwechsel zerstört werden sollte, was leider immer wieder geschieht. Später löst sich auch eine verkrustete Verbanddecke automatisch nach meiner allerdings erst 35jährigen Erfahrung in Krieg und Frieden.

Dr. Hansdieter Einstmann, Arzt für Allgemeinmedizin, Hamburg

So hält das Klammerpflaster

von Dr. Jochen Mayer, Kempten

Das Problem: Insbesondere bei Kindern und im Gesicht halten Klammerpflaster schlecht.

Der Tip: Nach Desinfektion der Wunde und Entfettung der Wundumgebung mit Benzin Abdecken der Wunde mit einem Tupfer und Auftragen eines Sprühverbandes, z.B. Nobecutan-Spray®, auf die Wundumgebung. Nach dem Trocknen Klammerpflaster aufbringen.

Die Folge: Das Klammerpflaster klebt fest und löst sich nicht.

Gipsverband abnehmen – so geht's leichter

von Dr. H. d'Oleire, Facharzt für Chirurgie, Bondorf

Das Problem: Abnahme des Gipsverbandes.

Der Tip: Das Aufschneiden des zirkulären Gipsverbandes wird einfacher, wenn man noch vor dem Anlegen der ersten zirkulären Gipsbinde in ganzer Länge einen etwa 12 mm starken Plastik-Schlauch auf die Haut bzw. auf die Polsterung klebt (Leukosilk oder dgl.) und dann mit eingipst. Nach Abbinden des Gipses läßt sich der Schlauch leicht herausziehen, und in der sich nun deutlich markierenden Rinne gleitet später die Gipssäge, ohne sich sogleich im Polstermaterial festzuklemmen bzw. die oszillierende Säge kommt nicht so leicht mit der Haut des Patienten in Berührung. Am Arm wird man den Plastikschlauch meist auf der Beugeseite und am Bein auf der Streckseite anbringen.

So halten Beinverbände

von Dr. Klaus Holzegel, Arzt für Dermatologie und
Venerologie, Allergologie, Wunstorf

Das Problem: Die Befestigung des Bindenendes bei
Beinverbänden ist unterschiedlich. Manche Patienten
schieben das Ende unter die Bindentouren, wodurch sich
der Verband leicht lockert und kein therapeutisch wirksamer Andruck mehr besteht. Die zur Binde mitgelieferten
Clips („Schwiegermütter") führen oft zum Zerreißen oder
drücken bis auf die Haut durch, wenn die Zähne einen zu
großen Winkel bilden.

Der Tip: Das Endstück
der Binde wird zur
Spitze gefaltet und
diese mit einem 10
cm langen Heftpflaster-
zügel befestigt, dessen
eines Ende etwa 1 cm
lang an der Klebeseite
gegeneinander geklebt
ist.

Die Folge: Der Verband hält, keine Strumpfhose geht
deswegen kaputt und die Befestigung mittels Heftpflaster
läßt sich ohne „Fummelei" am Pflaster einfach wieder
abziehen.

Warzenpflaster am Fuß:
So verrutscht es nicht

von Dr. Martin Schieber, praktischer Arzt, Freiburg-Lehen

Das Problem: Anlegen von Guttaplast-Verbänden zum
Abpflastern von Warzen, besonders an mechanisch stark
beanspruchten Stellen, z. B. Zehen, Fußsohle u. ä. Wird das
Guttaplast®-Pflaster normal aufgebracht, verrutscht es
meist schon nach kurzer Zeit und löst die Haut, aber nicht
die Warze ab.

Der Tip: Ich nehme einen Leukoplast-Streifen und klebe
diesen, nachdem ich zuvor ein Loch in der Größe der
Warze ausgeschnitten oder auch ausgestanzt habe (oft geht
das mit dem Locher), über der Warze auf die Haut. Darüber
kommt dann das Guttaplast-Pflasterstück, das dann noch
einmal mit Leukoplast überklebt wird.

Die Folge: Das Verrutschen des Guttaplast®-Pflasters wird
so in den meisten Fällen verhindert.

Warzen entfernen:
Ich vereise mit flüssiger Luft

von Privatdozent Dr. R. Niedner, Universitäts-Hautklinik, Freiburg i. B.

Das Problem: Möglichst schmerzloses Entfernen weniger Dellwarzen bei Kindern. Mollusca contagiosa können mit dem scharfen Löffel entfernt werden, was zumeist unter Chloräthyl-Vereisung geschieht. Hierbei fließt jedoch viel Vereisungsmittel auch über die umgebende, nicht betroffene Haut, die somit „schmerzhaft unterkühlt" wird, trotz Abdeckung der Umgebung mit einer großen gefensterten Mullkompresse.

Der Tip: Ein großer Watteträger, in flüssige Luft getaucht, vereist die Dellwarze blitzschnell und kleinflächig schon bei der ersten Berührung. Bevor der Patient so richtig merkt, was los ist, ist das Molluscum bereits entfernt.

Lokalanästhesie bei Schnittwunden: So tut's nicht weh

von Dr. Dr. Klaus Fr. Felmerer, Allgemeinarzt und Anästhesist, Nürnberg-Zollhaus

Das Problem: Lokalanästhesie von Schnittwunden bei schreienden Kindern; auch für Erwachsene zu empfehlen.

Der Tip: Um den zusätzlichen Schmerz beim Einstechen für die Lokalanästhesie bei Schnittwunden zu vermeiden, kann man nach kurzem, sterilem Abtupfen der blutenden Wunde einige Tropfen des Lokalanästhetikums von der Nadelspitze über die Wunde träufeln lassen.

Die Folge: Die Wundstelle brennt nicht mehr. Der Patient wird kooperativer. Dann kann ich – von der Wunde aus zur Peripherie – die Wundränder vorsichtig und in Ruhe mit Einstichen anästhesieren.

Splitter entfernen? Kanüle!

von Winfried J. M. Bahlmann, Arzt für Allgemeinmedizin, Trier

Das Problem: Oberflächlich unter der Haut liegende Fremdkörperverletzungen durch Dornen, kleine Holz- oder Metallsplitter.

Der Tip: Es empfiehlt sich statt der üblichen Splittersuche mittels Splitterpinzette oder Näh- und Stopfnadeln die Entfernung mittels einer schräg angeschliffenen üblichen Einmalkanüle.

Der Vorteil: 1. Sterilität. 2. Durch die scharf angeschliffenen Kanten läßt sich meist mühelos wie mit einem Spaten auf kleinstem Raum der Splitter mit dem darüber liegenden winzigen Hautstückchen entfernen, ohne daß es zu einer Verletzung tiefergehender Schichten bzw. Blutungen kommt.

Fäden ziehen:
So geht's schnell und schmerzlos

von Dr. Wolfgang Mummert, Arzt für Allgemeinmedizin,
Bielefeld-Sennestadt

Das Problem: Fädenziehen nach Wundnaht.

Der Tip: Mit einem Nahttrenner geht das in atemberaubender Schnelligkeit schmerz- und problemlos. Faden mit Pinzette spannen, Nahttrenner einführen. In der Kurvatur befindet sich ein superscharfes Messerchen, das alle Arbeit erledigt.

Der Vorteil: sagenhaft billig, der Nahttrenner kostet im Kaufhaus nur ein paar Groschen.

Verätzung:
Milch drauf!

von cand. med. Peter Martin, Gießen-Allendorf, aus der
Vorlesung von Prof. Dr. M. Hundeiker,
Universitäts-Hautklinik Gießen

Das Problem: Akute Behandlung von Säure- und Laugen-
verätzungen.

Der Tip: Nach der sofort durchgeführten ausgiebigen
Spülung mit Wasser zwecks Entfernung der Noxe wird ein
feuchter Umschlag mit ungezuckerter Kondensmilch
aufgelegt.

Die Folge: Das feindispergierte Eiweiß der Kondensmilch
bindet evtl. haftende Reste der Noxe ab und hält so das
Ausmaß des Schadens geringer. Seit über 20 Jahren
bewährt! („Erfinder" des Tips ist der Freiburger
Pharmakologe Grupp.)

Verbrennungen 2. Grades:
Steriler Faden durch die Blase

von Dr. Volker Leiber, Arzt für innere Krankheiten,
München

Das Problem: Bei Verbrennungen 2. Grades haben
geschlossene Blasen den Vorteil, daß keine Infektion
entsteht, aber den Nachteil, daß sie sehr langsam
austrocknen.

Der Tip: Man zieht einen sterilen Faden durch die Blase.
Das Sekret kann jetzt an beiden Fadenenden abtropfen.

Die Folge: Wunde heilt rascher ab. Infektionen habe ich
nicht erlebt.

Subunguales Hämatom entleeren:
... mit Kanüle

von Dr. Michael Fieber, prakt. Arzt – Naturheilverfahren –
Sportmedizin, Wetzlar

Das Problem: Möglichst schnelle und schmerzfreie
Entleerung des subungualen Hämatoms.

Der Tip: Man nehme am besten eine Kanüle Nr. 1 und
drehe die Nadelspitze genau über dem Zentrum des
Hämatoms, langsam wie einen Bohrer, mit ganz leichtem
Druck, bis der Nagel durchbohrt ist. Beim Durchtritt durch
den Nagel tritt durch die Öffnung sofort Flüssigkeit aus, es
spritzt dadurch nicht. Das Loch kann bei Bedarf sehr vorsichtig weiter geöffnet werden. Falls notwendig, kann etwa
½ cm neben der 1. Öffnung eine 2. gebohrt werden.

Die Folge: Das Nagelbett bleibt unverletzt, der Nagel muß
nicht entfernt werden. Es ist ratsam, am Folgetag die
Öffnung nachzubohren, da sich manchmal seröse Flüssigkeit ansammelt. Es empfiehlt sich, auf die Öffnung Leuka-
se®- oder Nebacetin®-Puder oder Betaisodona®-Salbe zu
geben und mit Pflaster zu verschließen.

... mit Büroklammer

von Dr. A. Olbrich, prakt. Arzt, Brilon

Das Problem: Behandlung eines subungualen Hämatoms.

Der Tip: Um eine Pinzette oder Klemme wird mit wenigen Windungen eine aufgebogene Büroklammer gewickelt. Das Ende wird über einer Flamme glühend gemacht. Sofort auf den betroffenen Nagel setzen. Nach kurzem Schmerz sofortige Schmerzerleichterung.

Der Vorteil: 1. preiswert, 2. keine Schädigung des Nagelbettes (Büroklammer kühlt rasch ab, keine Spitze), 3. ideale Größe des Lochs, 4. kein Nagelverlust.

Subunguales Hämatom:
Ich bohre mit dem Skalpell

von Dr. Michael Murauer, München

Das Problem: Zur Nageltrepanation bei subungualem Hämatom sind vielfach noch am Bunsenbrenner erhitzte Büroklammern, Kanülen oder sogar richtige Drillbohrer in Gebrauch.

Der Tip: Ich nehme hierzu einfach ein spitzes Einmalskalpell. Durch einige wenige drehende Bewegungen läßt sich damit fast ohne Schmerzen ein Loch in jeden Nagel bohren. Der Vorgang ist zeitsparend und bereits abgeschlossen, bevor der Patient durch umständliche Vorbereitungen und Manipulationen beunruhigt werden kann.

Nagelhämatom vermeidbar!

von Allen E. Gale, M. B., Consultant Physician (Allergy),
North Adelaide, South Australia

Das Problem: Schlag, Stoß oder Quetschung eines Finger-
endgliedes, drohendes Nagelhämatom.

Der Tip: Möglichst innerhalb Sekunden nach dem Trauma
sollte der Nagel mit einem festen Textil so stramm wie
möglich umwickelt werden. Nach ca. fünf Minuten darf der
Schnürverband bereits wieder entfernt werden.

Die Folge: In den meisten so behandelten Fälle kommt es
zu keinem Hämatom. Sollte sich dennoch ein sichtbares
Hämatom entwickelt haben, habe ich noch nie Klagen über
stärkere oder klopfende Schmerzen gehört.

Tetanusimpfung:
So vermeide ich Impfreaktionen

von Dr. Günther Portzky, Arzt für Allgemeinmedizin,
Facharzt für Anästhesie, Augsburg

Der Tip: Kommt ein Patient zur Tetanus-Impfung, so
ermahne ich ihn, auf jeden Fall am Impftag keinen Alkohol
(auch Bier gehört dazu!) zu trinken und nicht heiß zu baden
sowie keinen Leistungssport zu treiben.

Das Ergebnis: Bei Befolgung keine Impfreaktion mehr,
selbst wenn die Impfung in den Arm erfolgte, wenn Injektion ins Gesäß strikt abgelehnt oder verweigert wird (Kinder, alte Frauen etc.)

MEDICAL TRIBUNE fragte dazu die Behringwerke:
Dem Vorschlag, am Impftag wenig bzw. keinen Alkohol zu
trinken, Leistungssport und heiße Bäder (auch Sonnen-
bäder gehören dazu) zu vermeiden, kann nur zugestimmt
werden. Dieser Rat gilt übrigens für alle Impfungen.

Dr. Renate Scheier, Behringwerke AG, Frankfurt

Zecken:
In 2 Minuten entfernt

von Leon Münster, chir. Assistenzarzt,
Behring-Krankenhaus, Berlin

Das Problem: Bei den wenigen Fällen, in denen ich in den
letzten Jahren mit Zecken (gewöhnlich Ixodes ricinus) zu
tun hatte, bewährte sich folgendes Vorgehen:

Der Tip: Der Körper der Zecke wurde mit einem Klecks
Xylocain-Gel® überschichtet und konnte nach 2 bis 5 Min.
Einwirkungsdauer samt Kopf schmerzlos (besonders wichtig bei Kindern) mittels Splitterpinzette aus der Haut
entfernt werden.

Zecke entfernen:
Mit Äther beträufeln

von cand. med. S. Zollikofer, CH-Ossingen

Das Problem: Von Mai bis Juli suchen die Zecken wieder
ihre Opfer.

Der Tip: Die Zecke gut mit einem ätherdurchtränkten
Wattebausch betupfen. Entfernung danach mühelos mit der
Pinzette.

Der Vorteil: Der Biß lockert sich sofort. Auch an
behaarten Stellen mühelose Entfernung ohne die lästige
Haareinfettung bei der Methode mit Öl oder Salbe.

und wo
bleibt
Ihr Tip?

Postkarten
finden Sie am Ende des Buches

Hals-Nasen-Ohren und Augen

Fremdkörper im Ohr: Kennen Sie den Strohhalmtrick?

von Dr. Elisabeth Möller, Kinderärztin, Clausthal-Zellerfeld

Das Problem: Kleinkinder haben bekanntlich die Leidenschaft, sich Fremdkörper in alle vorhandenen Körperöffnungen zu stecken, z. B. in Nase, Ohren, Vagina, Anus. So kam kürzlich eine Zweijährige in meine Praxis, die sich Styroporteilchen ins Ohr gesteckt hatte. Schon bei der Inspektion wehrte sie sich mit Händen und Füßen, so daß die Fremdkörperentfernung mit der Pinzette erfolglos blieb. Auch der HNO-Kollege, zu dem ich das Kind überwies, scheiterte am Widerstand der Kleinen und gab der Mutter eine Klinikeinweisung zur Fremdkörperentfernung in Narkose. Sorgenvoll kam die Mutter vorher nochmals in meine Praxis.

Der Tip: Mein Mann (Allgemeinmediziner) hatte den zündenden Einfall: Das Styropor ist so leicht; laßt uns die Aspiration versuchen! Wir nahmen einen der modernen großkalibrigen Strohhalme, setzten das eine Ende ins Ohr des Kindes und saugten mit dem Mund und hatten – siehe da – das erste Styroporteilchen am Ohrende des Strohhalms, legten es in der Hand der Mutter ab und entfernten auf die gleiche Weise noch zwei weitere Teile aus dem Ohr des kleinen Mädchens.

Die Folge: Das Ohr war wieder frei, die Narkoseuntersuchung konnte fallengelassen werden!

9

Salbe ins Ohr:
So geht's schnell und sauber

von Dr. Hans-Dieter Meyer-Bothling, Facharzt für Hals-, Nasen-, Ohrenkrankheiten, Delmenhorst

Das Problem: Die Salbenbehandlung des Gehörganges.

Der Tip: Ein Kollege zeigte mir folgenden Trick: Er nimmt eine relativ große Tube (z. B. 50-g-Tube Volonimat®-Salbe) und führt von vorne einen Ohr-Tamponadestreifen von etwa 1 cm Breite und etwa 40 cm Länge in die Tube mit einer Pinzette ein. Anschließend Verschluß der Tube und gutes Durchkneten. Die Arzthelferin steht mit der Schere und hält die Tube von oben direkt vor den Gehörgang und der Doktor führt den Streifen aus der Tubenöffnung direkt in den Gehörgang ein und läßt später den Streifen abschneiden.

Der Vorteil: Zeitgewinn und sehr sauberes Arbeiten im Gehörgang.

Ohrentropfen:
So dringen sie schön ein

von Dr. F. Langraf-Favre, Spezialarzt FMH für Ohren-, Nasen-, Halskrankheiten, Hals- und Gesichtschirurgie, Zürich

Das Problem: Ohrentropfen als Medikamentträger kommen nur dann zur Wirkung, wenn sie direkt mit der Haut des äußeren Gehörgangs in Berührung kommen. Bei nicht völlig sauberem Gehörgang, namentlich bei Gehörgangsekzem, verhindert Sekret jeglichen Kontakt.

Der Tip: Zum besseren Eindringen der Tropfen und zur Verbesserung der Durchmischung und des Kontakts mit der Haut hat sich bewährt, die medikamenttragenden Tropfen mit einem Netzmittel zu mischen. (Ich pflege eine OP des gewählten Präparates mit einer OP Oleosorbate® 80 [Chibret, Schweiz] vom Apotheker mischen und in einem 20-ml-Pipettenfläschchen abgeben zu lassen.)

Hörverschlechterung mit dem Wecker erkennen

von Dr. Wolfgang Troll, Facharzt für Hals-, Nasen-, Ohrenkrankheiten, Singen/Hohentwiel

Das Problem: Frühzeitige Erkennung einer Hörverschlechterung bei Hörstürzen, Paukenergüssen und ähnlichem.

Der Tip: Nach der Untersuchung und Feststellung eines Hörverlustes weise ich meine Patienten an, einen tickenden Wecker oder eine tickende Uhr abends vor dem Zubettgehen in einer solchen Entfernung zu plazieren, daß das Ticken eben noch gehört wird. Die Entfernung wird notiert. Muß die Uhr näher herangelegt werden, meldet sich der Patient bei mir.

Die Folge: Auch überraschend und kurzfristig auftretende Hörverluste werden frühzeitig erkannt und frühzeitig behandelt, was insbesondere bei Hörstürzen von eminenter Bedeutung ist.

Ohrenspülen:
Frisierumhang als Schutz

von Dr. Hildegard Fular, Ärztin für Allgemeinmedizin, Heidenheim

Das Problem: Beim Spülen von Ceruminalpfropfen geht es nicht immer ganz trocken zu.

Der Tip: Um die Kleidung der Patienten nicht mit zu spülen, habe ich mir bei meinem Friseur einen großen Frisierumhang aus wasserdichtem Nylon mit Klettenverschluß erstanden, der im Nu angelegt ist.

Die Folge: Der Patient ist von den Ohren bis zum Knie ummantelt, und die Kleidung des Patienten bleibt trocken.

Otitis media:
Luftballon hilft bei der Therapie

von Dr. Hartmut Sauer, Hals-Nasen-Ohren-Arzt, München

Das Problem: Die kausale Therapie der Otitis media geht – entgegen weitverbreiteter Annahme – über die Nase und nicht über den Gehörgang.

Der Tip: Kindern mit Otitis-Symptomatik, Paukenerguß oder Tubenventilationsstörung schenke ich einen Luftballon, den sie zu Hause nach Applikation von abschwellenden Nasentropfen aufblasen dürfen, aber mit zugehaltener Nase.

Die Folge: Spielerisch führt das Kind so den Valsalvaschen Preßversuch durch, der über Drucksteigerung im Nasenrachen zur besseren Mittelohrbelüftung führt. (Selbstverständlich ersetzt dieses Verfahren nicht eine notwendige Adenotomie.)

Ohren spiegeln beim Kind:
Mit Blaulicht geht's besser

von Dr. Walter Spranger, Chefarzt der Kinderabteilung des
Städt. Krankenhauses Baden-Baden

Das Problem: Ohrenuntersuchung bei Kindern.

Der Tip: Ich benutze seit mehreren Jahren ein Otoskop mit
einem Ohrtrichter, der aus Kunststoff ist und bläulich
gefärbt und gleichzeitig lichtdurchlässig ist. Diese beiden
Eigenschaften bewirken: 1. Das Licht zum Trommelfell
gleicht dem Tageslicht, so daß entzündliche Veränderun-
gen leichter festzustellen sind als mit den üblichen Metall-
trichtern. 2. Bei kleinen Kindern im Alter von 2–6 Jahren
wirkt das blauschimmernde Licht, das dem „Blaulicht" der
Polizei ähnelt, beruhigend für die Untersuchung des Ohres,
besonders wenn Schmerzen bestehen. Insbesondere ist
dies dann der Fall, wenn man den Kindern sagt, wir
müssen mit dem Polizeilicht den Bösewicht suchen, der
die Ohrenschmerzen verursacht. Alle Kinder halten darauf
zur Untersuchung ihre Ohrseite dem Arzt bereitwilligst hin.

Ohrenspiegeln beim Kleinkind:
Ich pfeife wie ein Vogel

von Dr. Joachim Pini, Baden-Baden

Das Problem: Einem kleinen Kind das Ohr spiegeln.

Der Tip: Während der Untersuchung stakkatoartig wie ein Vogel pfeifen.

Die Folge: Für die kurze Zeit hält das überraschte Kind meist still.

Otoskopie bei ängstlichen Kindern

von Dr. Matias Jolowicz, prakt. Arzt, Salzgitter

Das Problem: Otoskopie bei ängstlichen Kindern.

Der Tip: Erst das Otoskoplicht auf den Arm scheinen lassen, was die Angst etwas nimmt. Dann sagen: „Paß mal auf, das Licht macht im Ohr ‚killekille'."

Der Erfolg: Die Kinder sind ruhig und aufmerksam (und bei ¾ der Kinder macht das Licht auch killekille).

HNO-Untersuchung:
Keine Probleme mit Kindern

von Dr. Rolf Klütsch, Arzt für Hals-, Nasen- und
Ohrenheilkunde, Bonn

Das Problem: Als HNO-Arzt und Pädaudiologe untersuche
ich häufig auch Kinder.

Der Tip: Ich frage dabei das Kind, welches Ohr ich zuerst
untersuchen soll.

Die Folge: Der kleine Patient hat den Eindruck der
Mitbestimmung bzw. Mitwirkung und läßt sich dann in der
Regel bereitwillig untersuchen.

Racheninspektion:
Meine Patienten müssen zählen

von Dr. Lüder Temmen, Arzt, Jever

Das Problem: Racheninspektion bei Kindern oder auch
empfindlichen Erwachsenen, durch den Würgereiz
erschwert.

Der Tip: Bei der Untersuchung lasse ich die Patienten die
Augen schließen und langsam atmen, wobei sie die
Atemzüge zählen müssen. Dabei Inspektion des Rachens.

Die Folge: Seit Jahren meist komplikationslose
Rachenuntersuchung. Bei Kindern meinerseits bewußtes
„Falschmitzählen" – beim Zählvergleich dann Protest der
Kinder, daß der Doktor „falsch" gezählt hat und das Kind
recht hat! (Folge hiervon: oft entspannteres Verhältnis Kind
– Arzt!)

Ängstliche Kinder:
Ich untersuche mit der „Wunderlampe"

von Dr. Matias Jolowicz, praktischer Arzt, Salzgitter

Das Problem: Wie erreicht man bei ängstlichen Kindern, daß sie tief durchatmen, wie gelingt es, in den Hals zu schauen?

Der Tip: Stabtaschenlampe „anpusten" und „auspusten" lassen. Diese Zauberlampe wirkt Wunder. Zu verwenden, um besser auskultieren zu können; um in den Hals zu schauen. Nach einigen Malen An- und Auspusten lassen sich die Kinder gern die Mandeln betrachten!

Ich frage dann:
„Hast du denn schon Zähne?"

von Dr. Edzard Voget, Arzt für Allgemeinmedizin, Aurich

Das Problem: Kleine Kinder, die den Mund nicht öffnen wollen.

Der Tip: „Hast du denn schon Zähne? Zeig doch mal!"

Die Folge: Meistens überwiegt der Stolz auf die Zähne die Scheu: Der Mund geht auf, Mundhöhle und Rachen können rasch inspiziert werden.

Racheninspektion beim Kind: „Zähnezählen" spielen

von Jochen Bauer, cand. med., Remscheid

Das Problem: Gegen eine Inspektion und Untersuchung des Mundes, der Zunge und des Rachens mit dem Spatel wehren sich kleine Kinder häufig.

Der Tip: Die Untersuchung läßt sich meist ohne große Gegenwehr durchführen, wenn man mit den Kindern „Zähnezählen" spielt. Zuerst sind mit dem Spatel die vorderen Zähne zu berühren, anschließend kann man sich spielerisch leicht mit dem Spatel weiter nach hinten durchtasten. Gegebenenfalls kann man dieses an sich selbst demonstrieren.

Erst strecke ich die Zunge heraus

von Dr. Rainer Wieland, Esslingen/Neckar

Das Problem: Racheninspektion bei Kindern.

Der Tip: Ich mache selbst den Mund weit auf, strecke die Zunge heraus und frage das Kind, ob es auch so eine große Zunge hat oder seine Zunge so weit herausstrecken kann.

Freie Nebenhöhlen?
Endoskop als Lichtquelle

von Dr. Franz Riemhofer, Allgemeinarzt, Kirchdorf

Das Problem: Sind die Nebenhöhlen frei oder nicht?

Der Tip: Wer hat – der versuche die Diaphanoskopie der Stirn- oder Kieferhöhle mit dem Ende des Kaltlichtschlauchs vom Endoskopiegerät. Wegen der kleinen Stirnfläche der Lichtquelle, die seitlich durch die Kontaktbuchse gegen austretendes Streulicht abgesichert ist, wenn der Schlauch fest aufgesetzt wird, und wegen der gegenüber den meisten Taschenlampen größeren Intensität und Gleichmäßigkeit des Lichts geht's damit, wie ich meine, etwas besser als mit einer Taschenlampe. Bei der Untersuchung der Kieferhöhlen setze ich den Schlauch fest von schräg oben auf die Maxilla – da, wo ich das Foramen infraorbitale vermute – und schaue dem Patienten in den Mund. Dies ist für den Patienten angenehmer bezüglich der Hygiene, und das Gerät braucht anschließend nicht gereinigt zu werden. Die Untersuchung erfolgt natürlich vergleichend beidseitig; sie ist noch eindrucksvoller im total abgedunkelten Raum. Wegen der individuellen Unterschiede der Pneumatisation bleibt's aber auch so eine Hilfsuntersuchung.

Nase tamponieren?
Einfach o. b.

von Dr. Eva Hoffmann, praktische Ärztin, Rheinmünster-Söllingen

Das Problem: Praktische und schnelle Nasentamponade.

Der Tip: Aus Menstruationstampons entsprechende Zylinder zurechtschneiden. Meistens genügt einmal längs- und einmal querschneiden.

Nasenbluten:
Kopf nach hinten ist falsch

von Dr. Walter Spranger, Arzt für Kinderheilkunde, Chefarzt a. D., Baden-Baden

Das Problem: Stillung von Nasenbluten

Der Tip: Kopf nach vorn über ein Waschbecken oder eine Schüssel halten! (Niemals Kopf nach rückwärts!) Mit beiden Daumen unteren Nasenteil an die Nasenscheidewand drükken, so daß kein Blut mehr aus der Nase fließen kann. In dieser Stellung solange verbleiben, bis beim Loslassen kein Blut mehr aus der Nase tropft. (Meist schon nach fünf Minuten, spätestens aber nach zehn Minuten erreicht). Danach mindestens ½ bis 1 Stunde nicht ausschnauben, da-

mit das entstandene Blutgerinnsel
in der Nase verbleibt.

Der Erfolg: Durch das in der Nase entstandene Blutgerinnsel kommt es gleichzeitig zum Verschluß des blutenden Gefäßes. Nach ½ bis 1 Stunde kann das Gerinnsel durch vorsichtiges Schneuzen entfernt werden. Sollte trotz dieser Maßnahme die Blutung nicht zum Stehen kommen, ist es zweckmäßig, die Blutgerinnungsverhältnisse überprüfen zu lassen, da dann möglicherweise eine Gerinnungsstörung vorliegt.

✉ Dazu gab es Kritik:

Nasenbluten:
Kopf-nach-vorne-Methode hilft nicht

Die Beherrschung einer solchen Blutung, die auch bei Kindern arteriell sein kann, sollte möglichst schnell erfolgen, also noch bevor Störungen der Blutgerinnung festgestellt werden können. Dabei hilft weder „Kopf nach hinten" noch „Kopf nach vorne"! Der Nicht-HNO-Arzt ist gut beraten, einen Wattebausch mit Suprarenin 1:1000 zu tränken und ihn nach Ausschnauben störender Koagula an die bewußte Stelle zu schieben. Hilft das nicht, so sollte unbedingt koaguliert werden, und zwar zweckmäßig mit dem Elektrokauter, der auch ggf. weiter hinten in der Nase gute Dienste leistet. Erwähnt sei, daß Epistaxis nasi auch an HNO-Universitätskliniken u.U. ad exitum führen kann.

Dr. O. Neuss, Hals-Nasen-Ohren-Arzt, Konstanz

Fremdkörper in der Nase:
Einfach rausblasen

von Dr. Christoph Pater, Facharzt für Kinderheilkunde, Kirchheim/Teck

Das Problem: Ein Kind hat sich einen Fremdkörper in ein Nasenloch gesteckt (Legostein, Perle, Beere).

Der Tip: Nach Inspektion beider Nasengänge den freien Nasengang zudrücken, wie bei Mund-zu-Mund-Beatmung einmal kräftig beatmen, Fremdkörper entweicht mit der Luft durch das Nasenloch nach außen.

Der Vorteil: Kein Instrument erforderlich. Keine Verletzungsgefahr.

So hole ich Fremdkörper aus der Nase

von Dr. K. Ofteringer, Arzt, Laufenburg

Das Problem: Fremdkörper in der Nase eines Kindes. Es gibt hier eine einfache und völlig gefahrlose Methode.

Der Tip: 1. Feststellen, um was für einen Fremdkörper es sich handelt; nach meiner Erfahrung sind es häufiger kleine Plastikteilchen, z.B. von Steckspielen, und meist handelt es sich um Vorschulkinder. 2. Einsprühen mit einem Nasenspray, denn es besteht praktisch immer eine Schleimhautschwellung. 3. Das andere Nasenloch zuhalten und mit einem Faden, am besten Wolle, einen Niesreiz setzen; der Fremdkörper wird dabei fast immer herausbefördert. Sollte dies nicht der Fall sein, so ist anzunehmen, daß der Fremdkörper schon länger in der Nase sitzt und das Kind dies verschwiegen hat. Man sollte dann besser den Spezialisten zuziehen.

So hole ich die Erbse aus der Nase

von Dr. Klaus-J. Seelig, prakt. Arzt, Biersdorf am Stausee

Das Problem: Fremdkörper in der Nase.

Der Tip: Ohne Anästhesie, Spekula und Forzeps lassen sich die meisten von Kleinkindern in die Nase hineingesteckten Fremdkörper zumeist schmerzfrei und mühelos entfernen, wenn man einen ca. 20 cm langen Stahldraht in der Mitte knickt und die jetzt so abgerundete Spitze quer ca. 5 mm lang rechtwinklig abknickt. In Rückenlage wird das Instrument nasenrückenparallel vorsichtig eingeführt, bis es (nach zumeist 3 cm Tiefe) zumeist hinter den Fremd-

Notwendige Utensilien zur Herstellung des Fremdkörperinstruments:

20 cm Draht (⌀ 1 mm) bei 10 cm geknickt

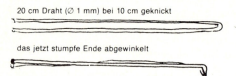

das jetzt stumpfe Ende abgewinkelt

Einführen entlang der Innenseite des Nasenrückens und Anheben des langen Hebels

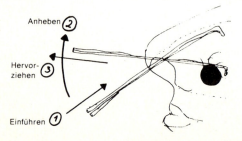

Anheben ②

Hervor-
ziehen ③

Einführen ①

körper (Erbse, Perle, Papier-Bällchen etc.) zu liegen kommt. Durch einfaches Anheben des langen Hebels wird der Fremdkörper in Richtung zum Nasenboden bewegt, beim Vorziehen des Instruments kommt der Fremdkörper zumeist mühelos heraus.

Die Folge: Mutter und Kind sollten die Praxisräume nach spätestens 2 Minuten fröhlich verlassen können. (In England bekannte Methode, nach „The Casualty-Officer's Handbook".)

✉ Dazu gab es Kritik:

Fremdkörper in der Nase: Ich warne vor diesem Trick

In der Hand des Erfahrenen sind viele Eingriffe problemlos und erfolgreich durchzuführen, so daß dem Kollegen Seelig seine guten persönlichen Ergebnisse bei dem mitgeteilten Verfahren nicht abgesprochen werden sollen. Es kann jedoch nicht eindringlich genug davor gewarnt werden, diesen „Trick" kritiklos und ungeübt in die Tat umzusetzen. Ich würde es mir jedenfalls nicht zutrauen und möchte ganz im Gegenteil auf Gefahren und deren mögliche Verhütung hinweisen:

1. Fremdkörper im HNO-Bereich sollten grundsätzlich unter Sicht, in diesem Fall unter Verwendung eines Spekulums, entfernt werden.

2. Wegen der fremdkörperbedingten Schwellung und Sekretionsneigung der Nasenschleimhaut und der häufig unbekannten Größe und Art des Fremdkörpers empfiehlt sich zuvor die Anwendung eines abschwellenden Gels (um

das hustenerzeugende Herabfließen in den Rachen zu vermeiden), eines Sprays oder die Anwendung von Nasentropfen.

3. Der Patient, insbesondere das Kleinkind, sollte bei der Untersuchung sitzen bzw. von der Vertrauensperson (Mutter) auf dem Schoß so festgehalten werden, daß auch zufällige Abwehrbewegungen mit nachfolgenden Verletzungen möglichst ausgeschaltet werden.

4. Die Benutzung des beschriebenen Stahldrahtes in der angegebenen Weise eines „Doppelblindversuchs" halte ich für äußerst bedenklich, da die entstandene Schlinge entweder zu breit oder die Spitze scharfkantig wird. Viel sicherer und einfacher ist die Handhabung eines Ohrhäkchens nach Lucae (Größe 1 zu ca. 18 DM) mit runder Spitze, das nach Abschwellen ohne Verletzungsgefahr für Septum und Muscheln und unter Sicht (Kinderspekulum ca. 70 DM) parallel zum Nasenboden – wie in Position 3 der Zeichnung des Autors – eingeführt, hinter dem Fremdkörper gedreht und dann wieder in der gleichen Ebene herausgezogen wird. Dieser Vorgang muß zügig und ohne Berührung der empfindlichen Septumschleimhaut erfolgen. Die Anwendung eines Hebels oder gar der Hebelkraft ist überflüssig und gefährlich. Die vom Autor zitierte englische Quelle sollte nicht zu Rückschlüssen auf die Qualität des englischen Gesundheitswesens verleiten, denn: „In der Hand" des Artisten ist ein Seiltanz problemlos, der Normalbürger sollte allerdings eine Brücke benutzen.

Dr. Stefan Günther, Hals-Nasen-Ohrenarzt, Allergologie, Rotenburg

Ich nehme abschwellende Watte

Von Interesse für manchen Kollegen wird es sein, wie ein HNO-Arzt, der weit über 30 Jahre in der Praxis tätig ist, besagten Nasenfremdkörper zu entfernen pflegt. Ich will damit nicht behaupten, daß meine Methode die bessere sei. Aber immerhin kommen inzwischen erwachsene Patienten zu mir mit der Bemerkung: „Sie haben mir doch als Kleinkind einen Fremdkörper aus der Nase entfernt." Sicherlich kämen sie nicht, wenn sie das damalige Geschehen in schlechter Erinnerung behalten hätten. In der Regel mache ich vor den Fremdkörper eine Pantocain®-Suprarenin®-Watteeinlage. Ich erreiche damit drei Dinge:

1. Ich gewinne Zeit, in der ich das Kind beruhigen kann.
2. Ich erhalte eine völlige Empfindungslosigkeit der Nasenschleimhaut vor dem Fremdkörper und anscheinend auch um denselben.
3. Ich erreiche eine weitgehende Abschwellung der Nasenmuscheln im vorderen Nasenbereich.
Mit einem Häkchen wird dann „wie von selbst" der Fremdkörper (auch wenn er fest eingekeilt war) herausgeholt. Die Abschwellung der Muscheln bis zum Fremdkörper hin verhindert das Durchrutschen desselben in den Nasen-Rachen-Raum mit evtl. Aspirationsgefahr. Ich glaube, in dem Lande, in dem die Lokalanästhesie hauptsächlich entwickelt wurde (Schleich), sollte man sie beim Entfernen von Nasenfremdkörpern nicht achtlos beiseiteschieben. Nur einmal in den langen Jahren meiner Praxis war ich genötigt, eine Intubationsnarkose machen zu lassen. Der Nachteil einer jeden Narkose jedoch ist das vermehrte Risiko. Oft tritt starkes Erbrechen beim Erwachen auf, weil die Patienten nur in den seltensten Fällen nüchtern zum Arzt gebracht werden. Daß Erbrochenes auch aspiriert werden kann, muß ich wohl nicht besonders erwähnen. Am

Rande sei bemerkt, daß die meistens sehr kleinen Patienten in vielen Fällen völlig verängstigt zu mir gelangen, nachdem von Kollegen mit anderen Methoden eine Fremdkörperentfernung vergeblich versucht worden war. Die Lokalanästhesie ist immer noch die Anästhesiemethode mit den weitaus geringsten Risiken. Sie verlangt natürlich vor allem Erfahrung und ... eine leichte Hand.

Dr. Ernst Schimansky, Facharzt für Hals-, Nasen-, Ohrenkrankheiten, Bielefeld

Die ideale HNO-Brille

von Dr. Heinrich Grosse Kleimann, Hals-Nasen-Ohren-Arzt, Kappeln

Das Problem: Bei der Alltagsarbeit in der HNO-Praxis ist es schwierig und zeitaufwendig, die Stirnlampe mit dem Nahteil der Brille zu fokussieren.

Der Tip: Aufgrund schlechter Erfahrungen mit einer multi- oder bifokalen Brille kann ich als Lösung empfehlen, den Nahteil möglichst groß machen zu lassen.

Die Folge: Schnelles Einstellen der Stirnlampe bei Ausnutzen der Nahbrille; dennoch ausreichender Fernteil der Brille für Gespräch mit Patienten.

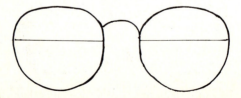

HNO-Brille:
Nah-Bereich auch oben

von Dr. Gert B. Bienias, Facharzt für Hals-, Nasen-, Ohren-krankheiten, Arbeitsmedizin, Sportmedizin, Flugmedizin, München

Das Problem: Den verschiedenen von Ihnen veröffentlich-ten Vorschlägen für eine HNO-Arbeitsbrille möchte ich fol-genden hinzufügen.

Der Tip: Nahteil sowohl oben als auch unten.

Die Folge: Mit dieser Sonderanfertigung habe ich weder Probleme seitens der HWS noch mit der Alterssichtigkeit. Die dreiteilige Brille könnte ein brauchbares Hilfsmittel für ältere Ärzte überhaupt sein.

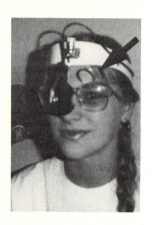 

Alterssichtiger Arzt:
Ich habe eine Brille mit Klapp-Lupe

von Dr. Helmut Weidenmann, Facharzt für Hals-, Nasen-, Ohrenkrankheiten, Stuttgart

Das Problem: Wenn die Alterssichtigkeit einsetzt, benötigt auch der Kurzsichtige eine Mehrstärkenbrille mit einem Fern- und einem Nahteil, das er jedoch nur beim Blick nach unten verwenden kann.

Der Tip: Um dieses Problem bei einer HNO-Untersuchung zu lösen, habe ich mir an meine Straßenbrille eine kleine Lupe mit einem entsprechenden Pluswert anbringen lassen, die ich bei Bedarf nach unten klappe. (Meine Arzthelferin war so freundlich, Modell zu sitzen.)

✉ Dazu gab es Kritik:

Meine Brille hat den Nahteil oben

Ich benutze seit Jahren eine ganz unauffällige Arbeits- und Op-Brille, bei der das Nahteil lediglich nicht wie üblich unten, sondern oben eingesetzt ist. Man gewöhnt sich rasch daran, so daß die Brille nicht mehr zwischendurch beim Gespräch mit dem Patienten abgesetzt werden muß.

Dr. H.-E. Wöhler, Arzt für Hals-, Nasen-, Ohrenheilkunde, Emden

Linse in Stirnreflektor einbauen

Vor Jahren habe ich bei einem älteren, leider verstorbenen HNO-Kollegen folgendes gesehen: auch er benötigte für, Untersuchung und Behandlung eine Plus-Linse. Eine solche hat er sich in das Loch seines Stirnreflektors eingebaut. Vielleicht wäre dies eine Lösung für Herrn Dr. Helmut Weidenmann.

Prof. Dr. Ernst Moritsch, Vorstand der Hals-, Nasen-, Ohrenabteilung der Allgem. Poliklinik, Wien

Meine Brille ist der Armlänge angepaßt

Es hängt natürlich von der Dioptrienstärke ab, wie man die richtige Lösung findet. Ich habe meinen Fernteil für die Arbeits- und Op-Brille auf die Entfernung der Armlängen bestimmen lassen. Das entspricht immer den Gegebenheiten und man braucht den Kopf nicht so abzuwinkeln. Bei HWS-Syndromen wichtig, um Nackenschmerzen zu verhindern.

Dr. G. Prüssing, Facharzt für Hals-Nasen-Ohren, Hamburg

Augentropfen bei Kleinkindern
● So ...

von Miyoji Shibata und Uda-Ingrid Shibata, praktische
Ärzte, Overath-Steinenbrück

Das Problem: Einbringen von Augentropfen bei kleinen
Kindern.

Der Tip: Auf den Rücken legen, Augen schließen lassen,
Tropfen in den medialen Augenwinkel geben, Lidspalte mit
zwei Fingern vorsichtig öffnen.

Der Vorteil: Bei kleinen Kindern angenehmer und
unkomplizierter als Tropfen in das offene Auge.

● oder so?

von Dr. Hannelore Borchart, Augenärztin, München

Das Problem: Es ist immer sehr schwierig, wenn Kinder
Augentropfen bekommen sollen, sie dazu zu bewegen, die
Augen zu öffnen.

Der Tip: Es wirkt oft erstaunlich gut, wenn man sie
auffordert, die Augen fest zu schließen. Sie werden dann
mißtrauisch, wollen sehen, was passiert, und öffnen die
Augen. Diesen Moment muß man abpassen zum Tropfen.

Augentropfen:
Was Mütter falsch machen

von Dr. E. Gruber, Kinderarzt, Berlin

Das Problem: Mütter geben regelmäßig Augensalbe/ -tropfen in den medialen Winkel der Augenlidspalte; verständlicherweise „hilft die Medizin nicht".

Der Tip: Der Mutter ausführlich erklären, daß wegen des nach nasal abfließenden Tränenstromes in den seitlichen Winkel der Augenlidspalte getropft werden muß (ggf. demonstrieren), damit das Medikament überhaupt in der Augenlidspalte wirken kann.

Der Trick mit den Augentropfen

von Dr. Mathias Recktenwald, Wittislingen

Das Problem: Kleinkinder lassen sich nur ungern Tropfen in die Augen träufeln.

Der Tip: Die Eltern sollen abwarten, bis das Kind tief schläft. Dann die Augenlider auseinanderziehen und das Medikament einträufeln.

Die Folge: Einwandfreie Applikation, ohne Geschrei und den üblichen Ringkampf.

Teebeutel aufs Auge

von Dr. Eva Hoffmann, praktische Ärztin, Rheinmünster-Söllingen

Das Problem: Konjunktivitis oder geschwollene Augenlider.

Der Tip: Man kann feuchte Teebeutel (vorzugsweise Kamillentee) als warme oder kühle Kompressen verwenden.

Stirnband gegen Konjunktivitis

von Dr. Gerhard Strietzel, Facharzt für innere Krankheiten, Malente

Das Problem: Unerklärliche Konjunktivitis.

Der Tip: Die therapieresistent rezidivierende Konjunktivitis kann vielfältige Ursachen haben, eine davon wird wohl selten bedacht: Reizung der Bindehaut durch von der Stirn herabrinnenden Schweiß. Fragen Sie, ob Ihr Patient gelegentlich stark schwitzt!

Abhilfe: Im Sportgeschäft gibt es für ein paar Mark ein- oder mehrfarbige Stirnbänder. Nach dem Tennis oder nach sommerlicher Gartenarbeit ist mein Stirnband klatschnaß, die Konjunktivitis tritt jedoch nicht wieder auf.

„Rost" in Kinderaugen

von Prof. Dr. F. H. Meythaler, Arzt für Augenheilkunde, Erlangen

Das Problem: Kinder mit Rostpartikeln in der Hornhaut.

Der Tip: Immer die Schaukelaufhängung auf Rost untersuchen lassen!

Kleinkinder:
So teste ich das Farbensehen

von Dr. E. Gruber, Kinderarzt, Berlin

Das Problem: Farbensehen und Testen – besonders Rot und Grün – bei Kleinkindern.

Der Tip: Unter Weingummibärchen – sortiert und unsortiert, soll sich das Kind die betreffenden Farben heraussuchen; für Blau muß man allerdings auf Bonbons oder „Smarties" zurückgreifen.

Der Vorteil: Mutter und Kind bemerken oft gar nicht die Untersuchungssituation; das Kind ist ungebremst, und die Mutter sagt nicht vor.

und wo
bleibt
Ihr Tip?

Postkarten
finden Sie am Ende des Buches

Tricks
für Ihre Patienten

Rheuma in den Fingern:
Nachts Salbenhandschuhe

von Dr. Karlheinz Moeller, Internist, Wiesbaden

Das Problem: Schmerzen in den Fingerendgelenken bei einer Polyarthrose, die ja vor allem am Morgen mit einer Anlaufsteifigkeit auftreten.

Der Tip: Man kann Okklusionsverbände über Nacht mit einer Rheumasalbe durchführen lassen, indem sich der Patient die Hände gut einreibt und Gummihandschuhe über Nacht anzieht.

10

Compliance verbessern:
Tabletten in den Zahnputzbecher

von Professor Dr. Hans-Chr. Burck,
Internistische Gemeinschaftspraxis im HDZ-Hochdruck- und
Dialysezentrum Kiel

Das Problem: Wie steigern wir die Zuverlässigkeit der
Tabletteneinnahme?

Der Tip: Bei allen Medikamenten, die der Patient täglich
einmal oder täglich zweimal einnehmen soll, empfehle ich
meinen Patienten: Stecken Sie die Folie mit den
eingeschweißten Tabletten in Ihren Zahnputzbecher! 95 %
der Bundesbürger putzen sich regelmäßig die Zähne.

Die Folge: Die Tabletten im Becher erinnern an die
Einnahme und verhindern doppeltes Einnehmen aus Ver-
geßlichkeit.

Diabetiker sieht schlecht:
So erleichtere ich ihm das Spritzen

von Dr. Gerd Bunzel, Arzt für Allgemeinmedizin, Wasbek

Das Problem: Insulinpflichtiger Diabetiker sieht schlecht – wie vermeidet man evtl. 2 Besuche von Pflegekräften pro Tag zum Insulinspritzen?

Der Tip: In Einmal-Spritzen lasse ich von Pflegekräften unter sterilen Bedingungen Insulin aufziehen. Dann werden die Spritzen mit liegender Injektionskanüle bei aufgesteckter Nadelkappe in den Kühlschrank gelegt, gegebenenfalls ja nach Insulinmenge auf verschiedenfarbige Tabletts. Der Patient kann dann selbst injizieren. Dieses Verfahren habe ich bislang für 2 Tage im voraus komplikationsfrei anwenden können.

Alleinstehende:
Rücken einreiben kein Problem

von Dr. Inge Strathausen, Ärztin für innere Medizin,
Bielefeld

Das Problem: Verordnung für einen Patienten, der allein-
stehend ist: Einreibung des Rückens mit Liniment oder
Salbe. Man kann die Partie, die einzureiben ist, nicht
erreichen.

Der Tip: Es wird ein Müllbeutel durchgeschnitten, bei dem
das verschlossene Ende zusammenhängend bleibt. Nun
gibt man auf die mit den Händen erreichbaren Stellen das
Einreibemittel und nimmt gekreuzt über dem Rücken das
Plastikband in die Hand und massiert, wie man das beim
Rückenmassieren mit einem Handtuch tut. Wechsel der
Hände, indem man somit einmal von rechts oben nach
links unten und von links oben nach rechts unten massiert.

Die Folge: Es werden alle Partien des Rückens erreicht.
Dieses können Alleinstehende auch machen, wenn sie sich
vor Sonnenbrand mit entsprechenden Mitteln schützen
wollen.

Restless legs: Mir helfen Kniebeugen bis zur Erschöpfung

von Dr. Peter Höhne, Arzt für Allgemeinmedizin, Bergen

Das Problem: „restless legs". Hin und wieder leide ich selbst darunter und habe schon verschiedene Mittel mit wechselndem Erfolg probiert (Magnesium, Calcium, Limptar®, Antirheumatika, Neurotrat forte®).

Der Tip: Zur Zeit bewährt sich folgendes: Ich mache ca. 30 Kniebeugen, bis die Beine vor Erschöpfung – ich bin nicht sportlich – anfangen zu schmerzen.

Die Folge: Danach konnte ich bisher regelmäßig gut schlafen.

Alte Patienten:
So bringe ich sie zum Trinken

von Dr. med. Dipl.-Psych. Christa-Maria Kortüm,
prakt. Ärztin, Niedernhausen

Das Problem: Ältere Menschen trinken zuwenig. So ist z.B.
eine akute Verwirrung, besonders an heißen Tagen,
vorprogrammiert. Wie schaffen wir es, daß der Patient ca.
2 Liter Flüssigkeit am Tag trinkt?

Der Tip: Der Patient möge jede halbe Stunde 1 Tasse oder
jede Stunde 2 Tassen trinken.   1. Das Quantum ist
geschafft von 8 bis 16 Uhr mit 16 Tassen = 2 l.
2. Keine kardiale Überlastung durch Trinkstöße, keine
Nykturie.
3. Dieses strukturierte Trinken schleift sich als Gewohnheit
ein und wird dann nicht als lästig empfunden.
Beim Betreuen älterer Menschen, Nierenkranker etc. hat
sich dieses Vorgehen schon seit längerer Zeit sehr
bewährt.

Alte Menschen mit Babykost ernähren

von Dr. Ernst-Günter Schramm, Arzt für Allgemeinmedizin, Gnarrenburg

Das Problem: In unserem Staat, in dem alte Menschen sich oft selbst überlassen sind, weil die jüngere Generation, bei der sie wohnen, zur Arbeit geht, ist es oft mit der Mittagskost und ihrer Zubereitung schwierig.

Der Tip: Ich empfehle, sich mit Gläsern der Ernährung für kleine Kinder (Hipp, Nestle, Alete usw.) einzudecken. Bei geeigneten Möglichkeiten kann diese Kost dann auch noch geschmacklich verbessert werden. Die Ernährungsindustrie müßte jedoch die Etiketten auf den Gläsern bildlich ändern.

Der Erfolg: Der alte Mensch bekommt eine Kost, die leicht verdaulich, vitaminreich und abwechslungsreich ist. Im übrigen ist sie bei fast allen Erkrankungen erlaubt und verträglich.

 Dazu gab es Kritik:

Babykost für alte Menschen: Das ist ein schlimmer Fehler

Diese Empfehlung kann aus geriatrischer Sicht auf keinen Fall unterstützt werden. Zweifelsohne gibt es alte Menschen, die nicht in der Lage sind, sich regelmäßige Mahlzeiten zu bereiten. In diesen Fällen sollte man die

*Möglichkeit, Mahlzeiten auf Rädern bzw. fahrbaren Mittags-
tisch in Anspruch nehmen, wie es fast in allen Teilen der
Bundesrepublik möglich ist.*
*Sicherlich kann es notwendig sein, etwa bei einer Zahn-
operation, einige Tage passierte Kost zu sich zu nehmen,
das würde bei der Kieferoperation auch bei einem jüngeren Menschen der Fall sein. Die Kaufähigkeit des Gebisses
sollte auch beim alten Menschen durch entsprechende
prothetische Versorgung hergestellt werden. Ständig eine
Babykost zu sich zu nehmen, fördert aber die Obstipation
beim alten Menschen, an der er oft schon leidet, da in
dieser Babykost die Ballaststoffe fehlen. Außerdem ist bei
dieser Kost die Eiweißzufuhr nicht gewährleistet. Es kommt
beim Erwachsenen so zu einem Eiweißmangel. Die
Babykost ist für den Säugling kalkuliert, der dazu noch
genügend Milch benötigt, das ist beim alten Menschen
nicht der Fall. Selbst kalorisch birgt die Babykost eine
Gefahr der Unterdeckung in sich. Die Babykost fördert
psychologisch die Infantilisierung des alten Menschen, was
keineswegs gewünscht werden kann. Wenn der alte
Mensch nicht völlig alleine ist und sich keine Mahlzeiten
mehr selbst bereiten kann, dann kann er in der Regel auch
nicht mehr alleine leben.*

Prof. Dr. I. Falck, Leiterin der inneren Abteilung,
Krankenhaus Wilmersdorf, Berlin

Tabletten im Schlafrock

von Dr. Helmut Rauschecker, Klinik und Poliklinik für
Allgemeinchirurgie der Universität Göttingen

Das Problem: Einnehmen von Tabletten und besonders
größeren Kapseln bereitet Schwierigkeiten oder verursacht
Brechreiz.

Der Tip: Backoblaten anfeuchten und Tabletten darin
einwickeln.

Die Folge: Sie lassen sich so leicht schlucken.

Zäpfchen einführen: Am besten mit feuchter Watte

von Dr. Dieter Rukser, Hamburg

Das Problem: Einführen von Suppositorien.

Der Tip: Am besten geht es mit einem Büschel feuchter
Watte oder Umfassen des Zäpfchens mit ganz gewöhnli-
cher Haushaltsfolie.

Eigene Erfahrung...
So gleiten Zäpfchen wie von selbst

von cand. med. Georg Mößmer, München

Das Problem: Einführen von Zäpfchen. Mitunter kann das Zäpfchen mit dem Finger nicht tief genug eingeführt werden und steckt noch halb im Anus. Die mechanische Irritation löst einen reflektorischen Spasmus des Schließmuskels aus, wodurch wiederum das tiefere Eindringen des Zäpfchens verhindert wird. Folge ist ein andauerndes Fremdkörpergefühl, Stuhldrang, oft auch Schmerzen und Brennen; nicht selten wird das Zäpfchen sogar wieder verloren.

Der Tip: Zäpfchen normal einführen (evtl. mit etwas Vaseline oder Salbe zum besseren Gleiten), nicht extrem tief eindrücken, aber Finger mit Druck drauflassen (Toilettenpapier o. ä. dazwischen); dann willkürlich kurz pressen wie beim Stuhlgang, dabei Ausstoßen des Zäpfchens mit dem Finger verhindern. Mit der Erschlaffung nach Beendigung des Pressens gleitet das Zäpfchen ganz von selbst in die Tiefe, als würde es an einer Schnur gezogen.

Die Folge: Die ganze Prozedur schmerzt nicht, ist sauber und der Patient hat schon nach kurzer Zeit kein Fremdkörpergefühl und keinen Stuhldrang mehr. Dieser Tip beruht u. a. auf eigenen Erfahrungen als Proband bei einer Pharma-Studie (über 30 Zäpfchen).

Krebsvorsorge in der Badewanne

von Dr. G. Moritz Walper, Vellmar

Der Tip: Allen Frauen, besonders bei Krebsvorsorge, habe
ich immer dringend geraten, mindestens einmal im Monat
bei einem Vollbad die Brust selbst zu untersuchen. Das
Badewasser muß möglichst warm sein und die Brust einige
Minuten bedeckt und erwärmt haben. Zugute kommen
dabei ein gewisser „Auftrieb" und „Erweichung" der
Brüste. Durch Streichen von allen Seiten und Betasten mit
beiden Händen ist jedes Knötchen zu tasten. Auch Unterschiede rechts und links sind schnell zu erkennen. Es ist
oft vorgekommen, daß ich sehr frühzeitig weitere Maßnahmen veranlassen konnte. Auch Muskelrisse waren bei
Sportlern schnell diagnostiziert.

So hält der Beinverband auch nachts

von Dr. Ulrich Zwadlo, Internist, Würselen

Das Problem: Zirkuläre Verbände an den Extremitäten
führen oft zu Stauungserscheinungen, Fixation mit Pflastern
zu Hautreizungen und konsekutiven Pyodermien,
insbesonders bei Ulcera cruris.

Der Tip: Ich empfehle seit Jahren Damenstrumpfhosen
(oder entsprechende, davon abgeschnittene Beinlinge), die
wegen Laufmaschen ausrangiert wurden.

Die Folge: Auch nachts wird ein ausreichend sicherer Sitz
der mit Salben bestrichenen Kompressen garantiert.
Nebenbei wohl auch Material- und Kostenersparnis.

Kompressionsstrümpfe:
So gibt's keine kalten Füße

von Dr. Monika Schiemann-Löscher, Ärztin für
Allgemeinmedizin, Heidenheim

Das Problem: Viele Frauen klagen verstärkt über kalte
Füße, wenn sie Strümpfe der Kompression I und höher
tragen müssen, wegen chronisch venöser Insuffizienz.

Der Tip: Damit diese Kompressionstrümpfe nicht in der
Schublade landen, empfehle ich diesen Frauen, dünne
Feinstrumpfhosen oder Strümpfe darunter anzuziehen.
Über kalte Füße wird dann nicht mehr geklagt.

Stützstrümpfe anziehen:
Beine vorher pudern

von Dr. Dieter Rukser, Hamburg

Das Problem: Schwer anzuziehende Gummistrümpfe oder Stützstrümpfe.

Der Tip: Die Strümpfe lassen sich wesentlich leichter anziehen, wenn man die Haut vorher mit Baby-Puder einpudert.

Harte Zehennägel schneiden: Kein Problem

von Dr. Agnes Derbolav, praktische Ärztin, Wien

Das Problem: Alte Leute klagen oft: „Meine Zehennägel sind hart wie Beton, wie soll ich sie schneiden?" An den Zehenkuppen entstehen durch Stauchung im Schuh Schwielen, ebenso über den Hammerzehen, die das Gehen zur Pein machen können, so daß schließlich nur mehr Batschen getragen werden.

Der Tip: Noch so harte Zehennägel, Schwielen und Hühneraugen kann man exakt und schmerzlos schneiden, wenn man über die ganze Zehe ein luftdichtes Pflasterkreuz klebt und den Nagel oder die Schwiele vorher mit Locasalen®-Salbe und Salizylvaseline 4% bestreicht und den Patienten für den nächsten Tag wiederbestellt.

Teebeutel auf kleine Entzündungen

von Dr. Claus Dreessen, Universitäts-Hautklinik,
Köln-Lindenthal

Das Problem: Behandlung mit Kamille dort, wo z. B.
1. Kamille ohne Alkohol (Kamillosan) erwünscht ist
und 2., wo Applikation schwierig ist.

Der Tip: Für den Analbereich, den Bereich der Zehen-
zwischenräume, Augenlider, Mundwinkel, überhaupt bei
nässenden Dermatosen geringer Ausdehnung Kamillentee-
beutel überbrühen, auf Körpertemperatur abkühlen und
„klatschnaß" auf zu applizierende Region auflegen,
einklemmen o. ä.

Die Folge: Keine Mulläppchen o. ä. nötig, keine Sitzbäder
in Kamillenlösung nötig (bei Wundekzem); keine Rezepte,
preiswert und wirksam.

Schluckauf:
Tee schlürfen!

von Dr. Peter Hochsieder, Medizinaldirektor, Nürnberg

Das Problem: Langanhaltender Schluckauf.

Der Tip: Eine Tasse Tee in kleinen Mengen kontinuierlich schlürfen!

Darmträgheit:
2x wöchentlich Mohrrüben essen

von Dr. Schlinke, Arzt für Allgemeinmedizin, Gütersloh

Das Problem: Stuhlträgheit.

Der Tip: Seit vielen Jahren empfehle ich den Darmträgen, mindestens wöchentlich zweimal eine Mohrrübenmahlzeit zu sich zu nehmen. Daneben sollten die Kartoffeln als Beilage nicht fehlen. Eine Person benötigt 250 g. Es ist energiesparend, die 2. Mahlzeit gleich mitzukochen und einzufrieren. Den Ungläubigen fügte ich hinzu: Wenn der Klodekkel nicht zugeht, müssen sie zweimal spülen – Aber, wenn dennoch nichts kommt, dann kommen Sie bitte in 3 Tagen wieder.

Juckreiz am After:
Mit Babyöl reinigen

von Jürgen Conze, Hautarzt, Naturheilverfahren, Aachen

Das Problem: Juckreiz am After, z. B. durch Marisken, Falten. Wie Analhygiene durchführen?

Der Tip: Ohne Gefahr der Allergie kann man ein handelsübliches Babyöl (z. B. Penaten) aus einer kleinen Flasche aus Plastik (besonders gut die manchmal angebotenen Probierfläschchen) auf das Toilettenpapier auftropfen.

Die Folge: Diese Methode reinigt sanft, ist zu Hause und am Arbeitsplatz und unterwegs möglich, erfordert keine feuchten Waschlappen oder Handtücher und hat sich millionenfach am empfindlichen After des Babys bewährt. Spezielles feuchtes Toilettenpapier birgt die Gefahr der Allergie und ist teurer und großvolumiger im Transport.

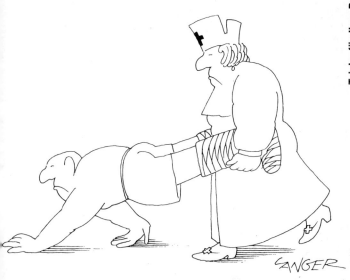

Blasen an den Füßen: Tesafilm

von Dr. Marie-Luise Glave, Fachärztin für innere Medizin, Berlin

Das Problem: Druckblasen an den Füßen.

Der Tip: Fest mit Tesafilm abkleben.

Die Folge: Tesafilm ist glatter als Hansa- oder Leukoplast und hinterläßt keine Klebstoffrückstände.

Schulter steif:
So helfe ich

von Dr. H. A. Anhalt, Arzt für Allgemeinmedizin, Kurarzt –
Sportmedizin, Willingen/Waldeck

Das Problem: Schonhaltung im Schultergelenksbereich
wegen starker Muskelschmerzen bei der Abduktion.

Der Tip: In der Mitte an der
Oberseite des Zimmertür-
rahmens mittelgroßen Eisen-
nagel bis zum ersten Drittel
einschlagen. Der Nagel soll
schräg nach oben stehen.
Um den Nagel herum wird
ein mittelstarkes Seil geführt
(Art Springseil). In das Seil
in Herzhöhe zwei große
Schlaufen knüpfen, durch die
beide Hände greifen können.
Mit dem gesunden Arm wird
der erkrankte in die Höhe
gezogen. Man erreicht damit
eine Bewegung im
erkrankten Gelenk, ohne die
umgebende Muskulatur zu
aktivieren.

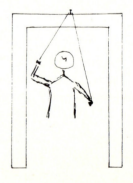

Die Folge: Rasche und schmerzlose Wiedererlangung der Beweglichkeit im Schultergelenk, was durch verschiedene Drehungen des Körpers weiterhin begünstigt wird. (Der Nagel wird nach erfolgreichem Behandlungsabschluß wieder entfernt und hinterläßt keine äußerlich sichtbaren Spuren.)

PS: Bei den behandelten Patienten wie auch beim Winterkongreß der Westdeutschen Sportärzte in Wolkenstein, März 1982, hat meine Methode großen Beifall gefunden.

Motorrad-Nierengurt bei Lumbago

von Dr. Hansdieter Einstmann, Arzt für Allgemeinmedizin, Hamburg

Das Problem: Lumbago, die nicht durch manuelle Therapie, i.m. Injektion und Bestrahlung sogleich beseitigt werden kann.

Der Tip: Motorrad-Nierengurt gibt sofort festen Halt, wärmt und schützt vor „falschen Bewegungen". Preis etwa DM 20,– bis DM 50,–; der billigste tut's schon, und Schmerz macht opferwillig. Als Motorradfahrer habe ich stets einige Gurt-Leihmodelle für den ersten Tag.

Papier gegen Lippenherpes

von Dr. Klaus Wagner, Hals-Nasen-Ohren-Arzt, Ebersberg

Das Problem: Prompt auftretender und hartnäckiger Lippenherpes zahlreicher Patienten bei Sonnenbädern im Gebirge oder an der See.

Der Tip: Irgendein weißes Stückchen Papier, in Rechteckform von etwa 5,5 x 3,5 cm gerissen, in der Mitte der Schmalseite gefaltet und zwischen die Lippen gesteckt – gibt absoluten Lichtschutz, und auf den kommt es an. Wenn man die Lippen mit der Zunge vorher etwas anfeuchtet, haftet „das Ding" sogar gut an Ober- und Unterlippe, und man kann sich dabei sogar unterhalten.

Die Folge: Keine teuren Lippencremes, Pomaden und sonstigen Abdecker, die in vielen Fällen doch nichts nützen, vergessen werden oder nachher in gelöster Form in Schwimmbädern herumschwimmen. Zuverlässige Verhütung des Herpes solaris der Lippen.

Insektenstiche: Heißes Wasser drüber!

Dr. E. Schröder, prakt. Arzt, Waldmichelbach

Der Tip: Bei Insektenstichen aller Art 1 Minute heißes Wasser darüberlaufen lassen, so heiß man es verträgt.

Die Folge: Juckreiz, Schmerz und Schwellung sind sofort weg und bleiben weg. Besser als Kortison lokal, Kälte usw.!

Zecken: Nagellack drauf!

von Dr. Edwin Grob, FMH allgemeine Medizin, CH-Wil

Das Problem: Entfernung von Zecken schmerzlos und rasch.

Der Tip: Ganze Zecke mit Nagellack bestreichen. Nach ca. ¼ Stunde läßt sie sich ohne Gewalt mitsamt dem Kopf abziehen.

Zecke:
Uhu hilft

von Dr. med. univ. Wilhelm Habenicht, prakt. Arzt i.R.,
Velden a. WS./Österreich

Das Problem: Beim Versuch, eine eingedrungene Zecke
zu entfernen, reißt stets der Kopf ab, bleibt in der Haut und
schwillt weiter an. Der Tip, ihn unter Öl oder anderem Luft-
abschluß ersticken zu lassen, worauf die Zecke losläßt, ist
altbekannt und erfolgreich.

Mein verbesserter Tip: Seit ich „Uhu" dafür verwende,
funktioniert das noch besser und schneller, sauber und
mühelos. Uhu trocknet in einigen Minuten ein und fixiert
zugleich, fällt auch nach Lösung des Kopfes von selbst ab.
(Hautpartie vorher entfetten!) Effekt mit Lupe nachprüfbar:
der Kopf ist stets im trockenen Uhu-Tropfen.

Melodie erinnert an Pille

von Dr. W. Beckmann, Fachärztin für Frauenheilkunde und Geburtshilfe, Lüdinghausen

Das Problem: Wie oft erleben doch Gynäkologen und auch Ärzte anderer Fachrichtungen die vergeßlichen Patientinnen, die es einfach nicht schaffen, ihre Antibabypille regelmäßig einzunehmen. Heute im Zeitalter der billigen Digitaluhren folgender gut erprobter Tip.

Der Tip: Die Digitalarmbanduhr mit Summer oder Melodie auf die gewünschte Zeit einstellen, und die Erinnerungshilfe erklingt allabend- oder morgendlich.

Empfehlung an die Eltern: Impfbuch fotokopieren

von Dr. E. Gruber, Kinderarzt, Berlin

Das Problem: Impfbuch soll auf Klassenreisen oder ähnlichen Veranstaltungen mitgenommen werden. Belastung für den Lehrer; Gefahr – Impfbuch hinterher unauffindbar.

Der Tip: Statt des Impfbuches eine mit Namen versehene Fotokopie der Seite des Impfbuches, auf der die Tetanusimpfungen dokumentiert sind, mitgeben und Impfbuch zu Hause lassen.

Stichwortverzeichnis

Präparate-Index

Aescin: Reparil

Lidocain: Lidocain, Lidomix, Neo-Novutox, Xylestesin, Xylocain, Xyloneural

Nitroglyzerin (oral): Coro-Nitro, Gilustenon, Nitrangin, Nitroglin, Nitroglycerin, Nitroglycerinum Compretten, Nitrolingual, Nitroperlinit, Perlinganit

Nitroglyzerin (Pflaster): Deponit, Nitradisc, Nitroderm TTS, Nitro-Pflaster-Ratiopharm

Nitroglyzerin (Salbe): Nitrofortin, Nitro Mack Salbe, Nitronal Gel

Nifedipin: Adalat, Aprical, Cordicant, Corotrend, Duranifin, Nifedipat retard, Nifedipin, Nifepuren, Nifical Tablinen, Pidilat

Nystatin: Biofanal, Candio-Hermal, Moronal, Nystatin

Orgotein: Peroxinorm

Prednison: Dabroson, Decortin, Erftopred, Hostacortin, Prednilonga retard, Predniment, Prednison, Predni-Tablinen, Rectodelt, Ultracorten

Mein Tip: _____

Antwort

MedicalTribune

Redaktion

Postfach 42 40

D 6200 Wiesbaden 1

... und wo bleibt

Ihr Tip ?

Jede Woche gibts neue Tips in Medical Tribune. Das ist Medizin, wie sie in keinem Lehrbuch steht! Tragen auch Sie dazu bei, daß Ihre persönliche Erfahrung an viele Kollegen weitergegeben werden kann. Schicken Sie Ihren Tip an Medical Tribune. Jeder veröffentlichte Tip wird mit DM 50,– honoriert.

Mein Tip:

Antwort

... und wo bleibt

Ihr Tip?

*Jede Woche gibts neue Tips in Medical
Tribune. Das ist Medizin, wie sie in keinem
Lehrbuch steht! Tragen auch Sie dazu bei,
daß Ihre persönliche Erfahrung an viele
Kollegen weitergegeben werden kann.
Schicken Sie Ihren Tip an Medical Tribune.
Jeder veröffentlichte Tip wird mit DM 50,—
honoriert.*

MedicalTribune
Redaktion

Postfach 4240

D 6200 Wiesbaden 1

Mein Tip:

Antwort

Medical Tribune GmbH
Vertrieb
Postfach 42 40

6200 Wiesbaden 1

Bitte hier gewünschte
Lieferanschrift eintragen:

Bezieher-Nr.

Facharzt für

Ich habe das Recht, diese Bestellung
innerhalb von 8 Tagen schriftlich
zu widerrufen. Die rechtzeitige
Absendung genügt.

Datum   Unterschrift

mtv
Medical Tribune
Internationale Wochenzeitung

auch zur Umstellung der Zahlungsweise auf
Abbuchungsverfahren bestehender Abonnements

Bestellkarte und Abrufauftrag

Ich abonniere Medical Tribune mit mtv/bzw. bin bereits Abonnent und damit einverstanden, daß der Abonnement-Betrag von DM 96,– jährlich von meinem Girokonto/Postgirokonto* abgebucht wird.

Diese Einzugsermächtigung kann ich jederzeit widerrufen.

*Bank/Sparkasse/Postgiro

in (Sitz des Geldinstituts/Postgiroamts)

BLZ (Bankleitzahl)

Medical Tribune erscheint wöchentlich mit mtv, der Fernsehzeitschrift für den Arzt.

Einzelpreis: DM 5,50;

Jahresabonnement: DM 96,– inkl. Porto u. MwSt.

Ermäßigtes Jahresabonnement für

Studenten der Medizin: DM 66,–.

Das Abonnement kann mit einer Frist von 4 Wochen zum Jahresende schriftlich gekündigt werden.

Konto-Nummer

Datum

Stempel und Unterschrift

Antwort

Abs.

Name

Straße

PLZ   Ort

Medical Tribune

Service-Abteilung

Postfach 42 40

D 6200 Wiesbaden 1

Ich bestelle .....Exemplare **Tips und Tricks, Band I,** DM 18,75, ISBN 3-922264-05-0

Ich bestelle .....Exemplare **Tips und Tricks, Band II,** DM 24,80, ISBN 3-922264-35-2

Ich bestelle .....Exemplare **Tips und Tricks, Band III,** DM 27,80, ISBN 3-922264-82-4

Unterschrift